Die FDP in der parla̅.̅.̅.̅.̅.̅.̅.̅.̅.̅.̅.̅.̅ Opposition 1966-69

Wandel zu einer "Reformpartei"

von

Andreas Morgenstern

Tectum Verlag
Marburg 2004

Morgenstern, Andreas:
Die FDP in der parlamentarischen Opposition 1966-69.
Wandel zu einer "Reformpartei".
/ von Andreas Morgenstern
- Marburg : Tectum Verlag, 2004
ISBN 978-3-8288-8670-4

Tectum Verlag
Marburg 2004

Inhaltsverzeichnis

1.	Einleitung	4
1.1.	Begriffsbestimmung	4
1.2.	Fragestellung	7
1.3.	Aufbau	9
1.4.	Forschungsstand	11
2.	Die Position der FDP im deutschen Parteiensystem bis 1966	15
3.	Die Suche nach einem liberalen Selbstverständnis	23
4.	Die programmatische Entwicklung der FDP	39
4.1.	Ost- und Deutschlandpolitik	39
4.2.	Bildungspolitik	56
4.3.	Sozial- und Wirtschaftspolitik	68
5.	Das Verhältnis der FDP zu SPD und CDU/CSU	80
6.	Die FDP – eine „Reformpartei"?	89
7.	Schlussbetrachtung	101
8.	Abkürzungsverzeichnis	106
9.	Quellen- und Literaturverzeichnis	108
9.1.	Quellenverzeichnis	108
9.2.	Literaturverzeichnis	109

1. Einleitung

1.1. Begriffsbestimmung

Was ist eine „Reformpartei"?[1] Die FDP[2] propagierte im Vorfeld der Bundestagswahl 1969 den Slogan „Wir schneiden die alten Zöpfe ab".[3] Die suggerierte, sie stehe für Veränderung, für Reform der überkommenen Strukturen in der Bundesrepublik. Unter dem Begriff „Reform" ist dabei ein planvoller Wandel innerhalb des gesellschaftlichen Regel- und Institutionengefüges zu verstehen.[4] Walter Scheel schrieb kurz vor seiner Wahl zum Parteivorsitzenden: „Für die liberale Opposition ist Demokratie kein System starrer Ordnung, sondern bewegtes und bewegendes Leben, ständige Herausforderung, Neues zu denken, Neues zu erproben. Demokratie ist ein risikoreiches Unternehmen."[5] Im Rahmen dieses offenen Systems stand die Aufgabe, reformbedürftige Elemente einem Wandel zu unterziehen.

Es ist zu fragen, ob Parteien qua Funktion in demokratischen Regierungssystemen die Aufgabe zufällt, verändernde Programminnovationen anzubieten.[6] Ihre Meinungsbildungsfunktion ist nur durch eine zumindest partielle Anpassung an die strukturellen Veränderungen in der Bevölkerung praktikabel erfüllbar. Stillstand bedeutet in einer sich wandelnden Gesellschaft Rückschritt und Verlust an Konkurrenzfähigkeit auf zwei Ebenen. Einerseits bedroht die wachsende Distanz zwischen Gesellschaft und politischer Klasse die Legitimität des parlamentarischen Systems, andererseits gerät eine stagnierende Partei gegenüber flexibleren Gruppierungen ins Hintertreffen.

---

[1] Der Begriff wurde für die FDP 1979 im Rückblick auf die siebziger Jahre von FDP-Generalsekretär Günter Verheugen eingeführt. Er verband die Ausarbeitung zukunftsorientierter Politikinhalte mit deren Durchsetzbarkeit, für die er Regierungsbeteiligungen als erforderlich betrachtete. Vgl. Günter Verheugen (Hrsg.): Das Programm der Liberalen. Zehn Jahre Programmarbeit der F.D.P., Baden-Baden 1979, S. 11; Ob die SPD eine „Reformpartei" sei, fragten 1976 Wolf Dieter Narr/Hermann Scheer/Dieter Spöri, die als Elemente einer „Reformpartei" Zukunftsfähigkeit, Unverwechselbarkeit, sowie Veränderungswillen des Umfelds betrachten. Vgl. dies.: SPD – Staatspartei oder Reformpartei, München 1976.

[2] In dieser Arbeit wird durchgängig, außer in wörtlichen Zitaten, die Schreibweise „FDP" anstelle der 1969 eingeführten Schreibweise „F.D.P." verwendet.

[3] Zit. nach: Hirnlosigkeit heute, in: Der Spiegel 23 (1969), H. 23, S. 32.

[4] Vgl. Peter Glotz/Rainer-Olaf Schultze: Art. Reform, in: Dieter Nohlen (Hrsg.): Lexikon der Politik, Bd. 1: Politische Theorien, München 1995, S. 519-526.

[5] Walter Scheel: Opposition: Kritik und Kontrolle, in: liberal 9 (1967), S. 809.

[6] Dieser Anspruch kann aus der Vorgabe des Parteiengesetzes abgeleitet werden. Die Parteien sollen an der Bildung des politischen Willens mitarbeiten, u.a. um „auf die Gestaltung der öffentlichen Meinung Einfluß [zu] nehmen". Vgl. PartG §1, Abs.2 (i.d.F. vom 31.01.1994).

Vor diesem Hintergrund ist der Terminus „Reformpartei" mit Skepsis zu betrachten. Stellen sich alle Parteien die Aufgabe, notwendige Wandlungen innerhalb der vorgegebenen institutionellen Rahmen zu fördern, so ist der exklusive Anspruch einer Partei, für Reformen zu stehen, infrage gestellt. Die Ambition einer „Reformpartei" wurde von Günter Verheugen unter der Bedingung der Regierungsbeteiligung betrachtet. Allein exekutive gestalterische Möglichkeiten ermöglichten aus seiner Sicht die Umsetzung der Programme und die Erfüllung des Reformanspruchs.[7] Es ist fraglich, ob seine Definition nicht auf die funktionale Bedeutung der FDP abzielt. Mit seiner Begründung wird die Regierungsbeteiligung als conditio sine qua non für eine „Reformpartei" hervorgehoben. Alle Parteien, die aus der Opposition heraus Anstöße zu neuen Überlegungen gaben,[8] würden unter diesem Hintergrund den Anspruch Verheugens nicht erfüllen. Dem entgegengesetzt sehe ich Kriterien einer „Reformpartei" in:

- einem zukunftsfähigen Politikangebot, das auf einer realistischen Basis steht
- einem stimmigen Gesamtkonzept, das sich nicht allein auf Einzelfragen beschränkt
- einer Partei, die sich in einem veränderungsfähigen Umfeld bewegt
- einer programmatischen Absetzung von den konkurrierenden Gruppierungen

Eine „Reformpartei" muss ein stimmiges Konzept anbieten, dass sich von den Angeboten der politischen Konkurrenz abhebt und auf einer wirklichkeitsnahen Basis fußt. Zwar ist der Forderung Verheugens, exekutive Gestaltungsmacht sei für eine „Reformpartei" konstitutiv, nicht zuzustimmen, doch ein Reformprogramm, welches auf einer irrealen Grundlage aufbaut, verhindert, von einer Partei mit durchführbarem Veränderungswillen zu sprechen. In diesem Fall baute sie ihr Denkgerüst auf Utopien auf, böte keine Möglichkeiten für wirklichen Wandel. Im Umkehrschluss verdeutlicht dies: Die Umgebung der Gruppierung muss Wandlungschancen bieten.

So erscheint eine Definition für den Terminus „Reformpartei" überzeugender, die darauf verweist, dass die Gruppierung nicht allein dem Zeitgeist angepasst reagiert, sondern zukunftsfähige Programme anbietet. Sie muss Inhalte vertreten, die aufkommenden Strömungen entsprechen. Die Partei hat den Anspruch zu verfolgen, zu refor-

---

[7] Vgl. Günter Verheugen (Anm. 1), S. 11.
[8] Erinnert sei an dieser Stelle an „Die Grünen" der achtziger Jahre, die u.a. den Umweltschutz in ihrem Programm hervorhoben.

5

mieren, darf aber die gesellschaftlichen Fundamente nicht revolutionär aus dem Boden reißen. Nur wenn Ambition und Umsetzungsmöglichkeit eine Einheit bilden, kann von einer „Reformpartei" gesprochen werden. Andernfalls ist dies allein als Anspruch zu definieren, der zur Profilierung der Partei beitragen soll.

Wie sieht das Grundverständnis des Liberalismus gegenüber Reformen aus? Zu den Merkmalen einer Reform gehört u.a., dass eine ausreichende Dynamik durch die Herausstellung akuter oder latenter Krisensituationen gegeben sein muss und die Veränderung auch durch ein Bündnis mit bzw. gerade durch außerparlamentarische Gruppierungen erstrebt werden kann. Eine Reformbewegung kann allein in einer entwickelten Demokratie Aussicht auf Erfolg haben, da nur sie die nötige Elastizität zur Erringung reformatorischer Erfolge hervorbringen kann.[9] Der Autor sieht diese Ausgangsbedingung im Untersuchungszeitraum für gegeben.

Ein Zusammenhang zwischen ökonomischer Entwicklung und sozialer Emanzipation kann Reformbedarf erzeugen. Denkbar wäre dies im Blick auf die abgelaufene Adenauer-Ära. Der ökonomische Wandel beschleunigte soziale Veränderungen. In der Konsequenz dürfte sich Reformbedarf durch die wachsende Kluft zwischen Gesellschaft und überkommenen Strukturen der bundesdeutschen Frühphase ausgebildet haben.[10]

Die Liberalen bewahrten trotz ihres Strebens nach einer besseren Zukunft gegenüber großen innenpolitischen Entwürfen Skepsis.[11] Die außenpolitischen Ideale des Liberalen Woodrow Wilson sollten durch „geduldige Ansammlung von Teilerfolgen"[12] verwirklicht werden. Hier deutet sich das Grunddilemma des Liberalismus an: der Mangel an einenden Ideen. Joachim Fest schrieb: „Es ist der große, gleichsam angeborene Mangel liberaler Gesellschaften, daß sie keinen greifbaren die Leiden und Ängste der Menschen rechtfertigenden Lebenssinn vermitteln. Auch halten sie keinen mobilisierenden Zukunftsprospekt bereit und werfen den einzelnen auf lediglich das zurück, was er als indi-

---

[9] Vgl. Peter Glotz/Reiner-Olaf Schultze (Anm. 4), S. 522.

[10] Vgl. ebd.

[11] So erklärte Karl R. Popper: „Der Liberalismus ist eher eine evolutionäre als eine revolutionäre Überzeugung (außer gegenüber einer Despotie)". Vgl. ders.: Die öffentliche Meinung im Lichte der Grundsätze des Liberalismus (1956), in: Ders. (Hrsg.): Auf der Suche nach einer besseren Welt, 6. Aufl., München/Zürich 1991, S. 172.

[12] Zit. nach: Henry Kissinger: Die Vernunft der Nationen. Über das Wesen der Außenpolitik, Berlin 1994, S. 929/930.

viduelle Erfüllung begreift."[13] Reformen sind für eine liberale Partei allein als Ergebnis eines langen Weges möglich, große Gesellschaftsentwürfe bleiben aus.[14]

Parteien in der Opposition fällt die Aufgabe zu, die Arbeit der Regierung zu kontrollieren und Alternativen aufzuzeigen. Sie haben Vorschläge zu präsentieren, die über die Linien der Regierungsparteien hinausgehen. Sind regierungstragende Fraktionen in den Zwängen der tagesaktuellen Politik verhaftet, ermöglicht die Entbindung vom Zugang zur Exekutive, neue Ideen zu entwickeln. Die Gruppierung befindet sich in einem Zeitfenster, dass ihr weitergehende Blicke ermöglicht. Die Suche nach Gegenvorschlägen sollte zur Ausarbeitung zukunftsgewandter programmatischer Alternativen führen. Gelingt dies, erfüllt die Opposition ihren Auftrag. Eine Antwort, ob es der FDP gelang, sich zu einer „Reformpartei" zu entwickeln, verspricht Aufschluss, in welchem Maß oppositionelle Gruppierungen in der Lage sind, programmatische Alternativen aufzuzeigen. Sie bietet Auskunft, ob Gruppierungen jenseits der Regierungsverantwortung besser in der Lage sind, weitreichende Konzepte für Veränderungen auszuarbeiten. Die Frage nach den Möglichkeiten eines Reformkurses klärt auf, welche Schwierigkeiten sich entgegenstellen können und ob es der Partei gelingen kann, sich als Alternative, als Vertreterin weitreichender Reformen, darzustellen.

Der Autor wählte hierfür die FDP der Jahre 1966 bis 1969 aus. In Bonn regierte die Große Koalition, der nur eine kleine Opposition gegenüberstand. In dieser Umgebung war die Präsentation als „Reformpartei", als Partei, die sich inhaltlich von den Konkurrenten spürbar abhebt vonnöten, um sich gegenüber einer numerisch weit überlegenen Regierung zu profilieren, um als Alternative wahrgenommen werden zu können.

1.2. Fragestellung

Diese Studie verfolgt eine zweiseitige Fragestellung. Nach einer Darstellung der programmatischen Entwicklung zwischen 1966 und 1969 wird geklärt, ob die FDP im Untersuchungszeitraum als „Reformpartei" bezeichnet werden kann. Die politischen In-

---

[13] Joachim C. Fest: Die schwierige Freiheit. Über die offene Flanke der offenen Gesellschaft, Berlin 1993, S. 31.
[14] Ralf Dahrendorf erklärte: „Keine Partei kann einen politischen Menschen mit einigermaßen klaren Konzepten voll überzeugen. Das ist das Abwägen zwischen den Möglichkeiten, die die Parteien

halte der Partei stellen dabei das wichtigste Kriterium dar. Aus diesem Blickwinkel sind folgende Fragen zu beantworten: Gab es einen weitgehenden Wandel in der Programmatik der FDP oder beschränkte er sich auf einzelne Teilgebiete? Bot sie ein realistisches Reformprogramm an? Wurden die Kriterien einer „Reformpartei" erfüllt?

Der Gang in die Opposition 1966 und die Bundestagswahl 1969 bilden die beiden eingrenzenden Ereignisse. Es wird dargelegt, wie die FDP auf den Umstand reagierte, erstmals in ihrer Geschichte die einzige parlamentarische Opposition im deutschen Bundestag darzustellen. Mit dem Aufzeigen von Alternativen war die Rolle der FDP vorgegeben. Jedoch konnte eine kleine Oppositionspartei nicht die Ressourcen aufbieten, um diese Aufgabe umfassend zu erfüllen.

Der Einfluss dieser Veränderung auf die Stellung der FDP im deutschen Parteiensystem ist unter folgender Fragestellung darzustellen: Gelang eine Emanzipation von beiden Volksparteien? Förderte der Gang in die Opposition eine umfassende inhaltliche Neupositionierung? Welche Inhalte schrieben die Liberalen in ihren Programmschriften fest? Handelte es sich nur um vorsichtige Veränderungen, könnte nicht von einer „Reformpartei" gesprochen werden, da diese in unterschiedlicher Intensität in jeder politischen Gruppierung zu jeder Zeit und auf vielen Gebieten auftreten. Keine politische Gruppierung kann sich dem Zeitgeist völlig entziehen.

Fand die FDP eine liberale Identität, mit der eine Emanzipation gegenüber der politischen Konkurrenz gelang? War die Veränderung in stärkerem Maß evolutionärer Natur und auf dem liberalen Grundverständnis fußend, oder fanden eruptive Ausbrüche des Wandels statt? Bedeutete der Wandel lediglich eine Fortentwicklung überkommener Positionen, oder ging mit den inhaltlichen Fortschritten eine Neu- oder Umdefinierung des Liberalismusbegriffs einher? An welchen Punkten blieb der Diskussionsprozess in Ansätzen stecken, wo führte er zu sichtbaren programmatischen Neuerungen und in welchen Feldern blieben die Debatten virulent?

Es ist naheliegend, die Erörterungen unter dem Signum der drohenden Bedeutungslosigkeit (Wahlrechtsänderung[15], quantitative Schwäche der Bundestagsfraktion) zu

---

offerieren." Zit. nach: Hartmut Jäckel: Wahlführer 1969. Politiker, Parteien, Programme, München 1969, S. 74.

[15] Union und SPD drohten sich auf ein Mehrheitswahlrecht zu einigen, das das parlamentarische Ende der FDP bedeutet hätte. Vgl. zur Wahlrechtsdiskussion während der Großen Koalition: Eckhard Jesse:

betrachten. Konnte dem Wähler verständlich gemacht werden, dass die FDP sich wandelte und Selbstständigkeit gegenüber den beiden Volksparteien gewann? Ist es der Partei gelungen, die Regierung nicht nur zu kontrollieren, sondern Alternativen anzubieten? Erreichte sie dies, dann sollte der Partei die Profilierung innerhalb des deutschen Parteiensystems als unabhängige politische Kraft gelingen. Andernfalls drohte der Sturz in die Bedeutungslosigkeit. Über ihre programmatische Profilierung musste die FDP ihre infrage gestellte Legitimation sichern.

Fragen nach einer möglichen Beeinflussung der Politik bzw. einzelner Protagonisten der FDP durch MfS oder andere Geheimdienste können im Rahmen dieser Studie nicht beantwortet werden. Einen Einblick in diesen Bereich bietet u.a. Hubertus Knabe in „Die unterwanderte Republik".[16]

1.3. Aufbau

Kapitel 2 ist eine deskriptive Darstellung der strukturellen Lage der FDP bis zum Jahr 1966. Es wird geklärt, ob die Freien Demokraten als eigenständige politische Kraft fungierten oder sich auf die Korrektivfunktion beschränkten. Das Kapitel blickt auf die FDP-Position im bundesdeutschen Parteiensystem und beschreibt strukturelle Nachteile. Eine Antwort verspricht, die Ausgangsbedingungen für die Oppositionsphase zu klären.

Der Schwerpunkt der Arbeit liegt auf der FDP zwischen 1966 und 1969. Diese wird in den Kapiteln 3 bis 6 abgehandelt, die den Kern der Studie bilden. Zunächst wird auf die Frage eingegangen, ob eine Erneuerung des liberalen Selbstverständnisses durch den Gang in die Opposition gefördert wurde (Kapitel 3). Dieses konnte ohne koalitionspolitische Zwänge geschärft werden. Der funktionale Ansatz der Diskussion, die FDP als eigenständigen ideologisch unverwechselbaren Faktor im Parteiensystem der Bundesrepublik zu etablieren, darf dabei nicht ausgespart werden.

In den programmatischen Debatten der FDP konzentriert sich der Autor auf drei Themenkomplexe: Die Ost- und Deutschlandpolitik (Kapitel 4.1.), die Schulpolitik als Teil der Bildungspolitik (Kapitel 4.2.) und die Diskussion um die Ausweitung der Betrieb-

---

Wahlrecht zwischen Kontinuität und Reform: eine Analyse der Wahlsystemdiskussion und der Wahlrechtsänderungen in der Bundesrepublik Deutschland 1949-1983, Düsseldorf 1985, S. 113-129.
[16] Vgl. Hubertus Knabe: Die unterwanderte Republik: Stasi im Westen, Berlin 1999.

lichen Mitbestimmung als Teil der Sozial- und Wirtschaftspolitik (Kapitel 4.3.). Zwei Fragen werden in jedem dieser Kapitel zu klären sein: Trafen in der FDP konträre Positionen aufeinander? Gelang der Durchbruch zu einer eindeutigen Positionierung?

Eine Schlüsselfrage der sechziger Jahre bestand im Verhältnis der Bundesrepublik zu den Staaten des Warschauer Vertrags. Die bisherige Ost- und Deutschlandpolitik, durch Hallstein-Doktrin, Alleinvertretungsanspruch und gegenseitige Abschottung charakterisiert, wurde von Mitgliedern aller im Bundestag vertretenen Parteien als reformbedürftig anerkannt.[17] Dabei unterschieden sich Mittel und Prioritäten. Die Gretchenfrage über den Weg zu einer Détente stellte einen grundlegenden Konflikt dar. Für eine kleine Oppositionspartei, gerade wenn sie sich seit Jahren mit der Problematik auseinandergesetzt hatte, fand hier ein attraktives Feld parteipolitischer Profilierung.

Schulpolitik als Teil der Bildungspolitik, tangiert hingegen ein innenpolitisches Thema. Eine Artikelserie Georg Pichts in den Zeitschriften „Lutherische Monatshefte" sowie „Christ und Welt" publiziert, die 1964 unter dem Titel „Die deutsche Bildungskatastrophe"[18] als Buch erschien, verdeutlichte den Reformbedarf im bundesdeutschen Schulwesen. Im Besonderen für eine Partei, die Wert auf die Entfaltung individueller Freiheit legt, stellte Bildung eine Schlüsselfrage dar. Die Bundesrepublik litt an den Folgen der kultuspolitischen Kleinstaaterei, die zu elf (inklusive West-Berlin) verschiedenen Schulsystemen und drohender internationaler Rückständigkeit führte. Für eine Mittelstandspartei stand die Frage nach der qualifizierten Ausbildung von Nachwuchskräften im Vordergrund, um im internationalen Wettbewerb nicht den Anschluss zu verlieren.

Schließlich wird auf das Streitthema Betriebliche Mitbestimmung eingegangen, obwohl es sich vordergründig nur um ein kleines Teilgebiet der Wirtschafts- und Sozialpolitik handelt. Die Zusammensetzung industrieller Kontrollgremien blieb trotz des Betriebsverfassungsgesetzes von 1952 ein kontroverses Thema in der Bundesrepublik und gewann durch die Auswirkungen der Rezession 1966 zusätzlich an Bedeutung. Es stellte eine der herausragenden politischen Fragen dar. Kämpfte eine Seite, besonders die Gewerkschaften, für eine Ausweitung hin zu paritätischer Besetzung der Kontrollgremien,

---

[17] Vgl. zur Außenpolitik der CDU/CSU: Dirk Kroegel: Einen Anfang finden! Kurt Georg Kiesinger in der Außen- und Deutschlandpolitik der Großen Koalition, München 1997.
[18] Vgl. Georg Picht: Die deutsche Bildungskatastrophe. Analyse und Dokumentation, Freiburg 1964.

waren die Unternehmervertreter interessiert, dass ihre Verfügungsgewalt nicht weiter eingeschränkt wurde.

In Kapitel 5 wird die Frage des programmatischen Standorts der FDP gegenüber den beiden Parteien der Großen Koalition beantwortet. Die Erkenntnisse zu Inhalten liberaler Politik nutzend, wird hier auf Gemeinsamkeiten und Unterschiede gegenüber CDU/CSU und SPD geblickt. Neben der Frage, ob es programmatische Berührungspunkte gab, beihaltet dieses Kapitel zugleich einen Blick auf die Strategie der FDP im Untersuchungszeitraum, da die Rückkehr an die Schalthebel der Macht – und damit die Umsetzung der ausgearbeiteten Programmatik – allein über die Bildung einer Koalition führen konnte.

Das Kapitel 6 bietet eine Antwort, ob bei der FDP der Jahre 1966 bis 1969 von einer „Reformpartei" gesprochen werden darf. Durch eine Überprüfung anhand der aufgestellten Kriterien wird geklärt, ob die Liberalen nicht nur programmatische Angebote machten, sondern sich diese gegenüber der parteipolitischen Konkurrenz abhoben und durch ein veränderungsfähiges und -williges Umfeld gestützt wurden.

Den Abschluss bildet Kapitel 7, das die getroffenen Aussagen zusammenfasst und Bilanz zieht.

1.4. Forschungsstand

Besondere Bedeutung für die programmatische Entwicklung im Untersuchungszeitraum besitzen die beiden in der Oppositionszeit veröffentlichten Parteiprogramme von 1967[19] und 1969.[20] Gemeinsam ist ihnen, dass es sich um Aktionsschriften und keine Grundsatzprogramme handelt. Schlüsseldokumente für die Selbstdarstellung der Partei in der Öffentlichkeit, publizierte Berichte über die Partei, aber auch für innerparteiliche Diskrepanzen und Entwicklungen, sind in dem neunbändigen Werk Ossip K. Flechtheims „Dokumente zur parteipolitischen Entwicklung in Deutschland seit 1945" nachzulesen.[21]

---

[19] Vgl. Ziele des Fortschritts – Aktionsprogramm der Freien Demokratischen Partei (107 Thesen), abgedruckt in: Heino Kaack: Zur Geschichte und Programmatik der Freien Demokratischen Partei. Grundriß und Materialien, Meisenheim am Glan 1976, S. 88-107.
[20] Vgl. Praktische Politik für Deutschland – Das Konzept der F.D.P. (Nürnberger Wahlpattform), abgedruckt in: Heino Kaack (Anm. 19), S. 108-117.
[21] Vgl. Ossip K. Flechtheim u.a. (Hrsg.): Dokumente zur parteipolitischen Entwicklung in Deutschland seit 1945, 9 Bände, Berlin 1962-1971.

Nicht unterschlagen werden dürfen die „Dokumente zur Deutschlandpolitik".[22] Die Quellenedition rekonstruiert in terminologischer Reihenfolge Dokumente, primär zur Deutschland- aber auch zur Ostpolitik bis zum Ende der sechziger Jahre. Nicht zuletzt sind die Artikel in der Zeitschrift „liberal" zu erwähnen. Sie zeigen die Entwicklung der Diskussion in der FDP.

Die FDP bildete in der überwiegenden Geschichte der Bundesrepublik Deutschland einen Teil der Regierungen. So überrascht es, dass die Erforschung der Partei noch in den Kinderschuhen steckt. Eine Gesamtdarstellung der Parteihistorie steht aus. Allein für die Frühphase der liberalen Partei ist mit Jörg Michael Gutschers „Die Entwicklung der FDP von ihren Anfängen bis 1961"[23] eine umfassende Untersuchung erschienen. Eine zweite grundlegende Studie ist Jürgen Dittberner mit seinem Werk „FDP – Partei der zweiten Wahl"[24] zu verdanken. Wie der Titel andeutet, liegt der Schwerpunkt Dittberners auf der funktionalen Ebene. Eine Binnenanalyse bieten Franz Lösche und Franz Walter in ihrer populärwissenschaftlichen Arbeit.[25]

Zur Darstellung der Programmatik ist Heino Kaacks „Zur Geschichte und Programmatik der Freien Demokratischen Partei"[26] zu erwähnen. Allerdings beschränkt er sich auf eine deskriptive Darstellung, ohne auf innere Konfliktlinien einzugehen. Hervorzuheben ist an der Arbeit das reichhaltige Angebot an Quellentexten im Anhang. Der Schwerpunkt der Studie ist auf die siebziger Jahre gelegt, sodass als Ergänzung Peter Julings „Programmatische Entwicklung der FDP 1946 bis 1969"[27] heranzuziehen ist. Stärker als bei Kaack behandelt er die Binnenstruktur der FDP lediglich randläufig. Im Unterschied zu Kaack verzichtet er auf eine strenge terminologische Untergliederung. Stattdessen legt Juling den Schwerpunkt auf die Darstellung der inhaltlichen Entwicklung einzelner Sachfragen.

---

[22] Vgl. Bundesministerium für Innerdeutsche Beziehungen (Hrsg.): Dokumente zur Deutschlandpolitik, Frankfurt/M. 1961-1987.
[23] Vgl. Jörg Michael Gutscher: Die Entwicklung der FDP von ihren Anfängen bis 1961, Meisenheim am Glan 1967.
[24] Vgl. Jürgen Dittberner: FDP – Partei der zweiten Wahl. Ein Beitrag zur Geschichte der liberalen Partei und ihrer Funktionen im Parteiensystem der Bundesrepublik, Opladen 1987.
[25] Vgl. Peter Lösche/Franz Walter: Die FDP. Richtungsstreit und Zukunftszweifel, Darmstadt 1996.
[26] Vgl. Heino Kaack: Zur Geschichte und Programmatik der Freien Demokratischen Partei. Grundriß und Materialien, Meisenheim am Glan 1976.
[27] Vgl. Peter Juling: Programmatische Entwicklung der FDP 1946 bis 1969. Einführung und Dokumente, Meisenheim am Glan 1977.

Einzelne Felder der Forschung über die FDP werden in Lothar Albertins Sammelband „Politischer Liberalismus in der Bundesrepublik"[28] betrachtet. Besonders die Fragen, ob die FDP eine liberale Partei ist und welche Position sie im deutschen Parteiensystem seit den sechziger Jahren einnimmt, stehen im Fokus der Autoren. Die Veränderungen im Betrachtungszeitraum werden im besonderen anhand einer Abhandlung über koalitionspolitische Alternativen, weniger über programmatische Innovationen besichtigt. Die Bündnisfrage thematisiert auch Klaus Bohnsack, der die entscheidenden Aussagen der Protagonisten aller Bundestagsparteien zusammenfasst.[29] Trotz des Hauptaugenmerks auf die sozial-liberale Koalition bietet die Studie Arnulf Barings einen Einblick in die Entwicklung der Liberalen in den Jahren 1968/69.[30] Der Autor zeichnet ein Bild der Freien Demokraten auf dem Weg zum Urnengang 1969.

Der programmatische Wandel der FDP in der zweiten Hälfte der sechziger Jahre fand in der Wissenschaft reges Interesse. Mit der inneren Entwicklung und der Position gegenüber der Großen Koalition setzt sich Georg A. Kötteritzsch mit „Große Koalition und Opposition. Die Politik der FDP 1966 bis 1969"[31] auseinander. Der Titel wirkt irreführend, da der Schwerpunkt der Arbeit auf die FDP und weniger auf ihrem Verhältnis zur Bundesregierung liegt. Mit Wandlungen in der FDP setzt sich Ronald E. M. Irving auseinander.[32] Er spannt einen Bogen von der Bundestagswahl 1957 bis zur Ära Scheel. Irving sah in der FDP Kontinuität vorherrschend. Daniel Koerfer beschäftigte sich mit dem Einfluss der Zeitschrift „liberal" auf die Neuerungen in der FDP.[33] Er beschreibt die Redaktion des Blattes als eine „pressure-group", welche die Umgestaltung fördern wollte. Er geht auf die Interdependenz zwischen Debatten innerhalb von „liberal" und der Entwicklung der Partei ein. So bietet Koerfer nicht nur einen Blick auf die Diskussionen in der FDP-nahen Zeitschrift, sondern stellt die Positionen der führenden Liberalen, die meist auch in dem Blatt publizierten, dar. Einen ähnlichen Ansatz verfolgt

---

[28] Vgl. Lothar Albertin (Hrsg.): Politischer Liberalismus in der Bundesrepublik, Göttingen 1980.
[29] Vgl. Klaus Bohnsack: Bildung von Regierungskoalitionen, dargestellt am Beispiel der Koalitionsentscheidung der F.D.P. von 1969, in: PVS 7 (1976), S. 400-425.
[30] Vgl. Arnulf Baring: Machtwechsel: Die Ära Brandt-Scheel, Stuttgart 1982.
[31] Vgl. Georg A. Kötteritzsch: Große Koalition und Opposition. Die Politik der FDP 1966 bis 1969, Egelsbach u.a. 1998.
[32] Vgl. Ronald E.M. Irving: The German Liberals: Changing image of the Free Democratic Party, in: Parliamentary Affairs 23 (1969/1970), S. 46-54.
[33] Vgl. Daniel Koerfer: Die FDP in der Identitätskrise. Die Jahre 1966-1969 im Spiegel der Zeitschrift „liberal", Stuttgart 1981.

Ulrich Josten, der auf die Entwicklung der Zeitschrift „liberal" von ihrer Gründung in den fünfziger Jahren bis 1969 blickt.[34] Dabei wird das Hauptaugenmerk auf die Zeitschrift selbst gelegt.

Einzelthemen zur FDP-Politik wurden in unterschiedlichem Maß bearbeitet. Besonders die Ost- und Deutschlandpolitik fand Interesse, da die Veränderungen zu den Positionen der bürgerlichen Koalition im Blick auf die spektakulären Verhandlungen im Rahmen der Neuen Ostpolitik als signifikant zu bezeichnen sind. Während sich Christof Brauers mit der liberalen Deutschlandpolitik der ersten beiden Jahrzehnte beschäftigt,[35] blickt Mathias Siekmeier auf die Ost- und Deutschlandpolitik der sechziger Jahre.[36] Beschränkt sich Ersterer auf eine deskriptive Darstellung, so lenkt Siekmeier den Blick auf innere Konfliktlinien und die Positionierung der FDP während der Großen Koalition. Die detailgenaue Arbeit – der Autor sah die Sitzungsprotokolle des FDP-Bundesvorstands und des Landesvorstands Nordrhein-Westfalen ein – besticht durch eine feine Herausstellung unterschiedlicher Positionen innerhalb und außerhalb der Öffentlichkeit. Durch sein Aktenstudium ist die Publikation nicht allein im Themenbereich der Ost- und Deutschlandpolitik aussagekräftig, sondern stellt insgesamt den Wandel der FDP dar. Besonders sichtbar wird dies an seinen Schilderungen zu den Koalitionsverhandlungen 1961, 1965 und 1969 sowie zur „Spiegel-Affäre" 1962. Die Studie eines der Protagonisten der Ost- und Deutschlandpolitik, Wolfgang Schollwer, beschränkt sich trotz gegenteiligen Titels auf die Deutschlandpolitik der fünfziger Jahre.[37] Spätere Entwicklungen, gerade seinen eigenen Beitrag, behandelt Schollwer nur am Rand.

Eng verbunden mit jeder Außenpolitik nach Osten war die Sicherheitspolitik der FDP. Andreas Kramers Werk „Die FDP und die äußere Sicherheit"[38] ergänzt das Bild der beiden erwähnten Arbeiten. Für die Jahre 1966-69 konstatiert er ein großes Interesse der Liberalen an sicherheitspolitischen Debatten, wobei besonders die Bedeutung des

---

[34] Vgl. Ulrich Josten: Für einen erneuerten Liberalismus: die Zeitschrift liberal und die FDP bis 1969, Hamburg 2001.
[35] Vgl. Christof Brauers: Liberale Deutschlandpolitik 1949-1969. Positionen der F.D.P. zwischen nationaler und europäischer Orientierung, Münster/Hamburg 1992.
[36] Vgl. Mathias Siekmeier: Restauration oder Reform? Die FDP in den sechziger Jahren – Deutschland- und Ostpolitik zwischen Wiedervereinigung und Entspannung, Köln 1998.
[37] Vgl. Wolfgang Schollwer: Zwischen Pragmatismus und Utopie. Zur FDP-Deutschlandpolitik in den fünfziger und sechziger Jahren, in: DA 21 (1988), S. 275-281.
[38] Vgl. Andreas Kramer: Die FDP und die äußere Sicherheit: zum Wandel der sicherheitspolitischen Konzeption der Partei von 1966 bis 1982, Bonn 1995.

Harmel-Berichts und die Ergänzung der Militärbündnisse durch ein europäisches Sicherheitssystem herausgestrichen werden. Wissenschaftliche Studien zur Bildungsfrage erschienen bisher kaum. Besonderes Interesse in der Diskussion über eine Bildungsreform dürften so die Schriften Ralf Dahrendorfs[39] und Hildegard Hamm-Brüchers[40] finden. Leider bieten sie in ihren zeitgenössischen Arbeiten zwar Ansätze bzw. Grundgedanken der geforderten Veränderung, im Blick auf direkte Lösungsvorschläge bleiben ihre Ausführungen aber in Ansätzen stecken. Statt klarer Vorstellungen beschränken sich beide weitgehend auf die Beschreibung des von ihnen abgelehnten Status quo. Abhilfe können, zumindest partiell, Gesamtdarstellungen zur deutschen Bildungsgeschichte bieten. Die zeitnah veröffentlichte Studie Arthur Hearndens[41] vergleicht die Positionen der verschiedenen Parteien, allerdings erfüllen die knappen Abhandlungen keinen Anspruch auf Detailgenauigkeit. Kritisch setzt sich Christoph Führ mit den Reformkonzepten auseinander.[42] Leider bleibt er in allgemeinen Aussagen behaftet, verzichtet auf einen Anmerkungsapparat und unterscheidet kaum zwischen den Positionen der einzelnen Parteien.

Zur Gestaltung der Betrieblichen Mitbestimmung ist ebenfalls keine Gesamtdarstellung liberaler Positionen erschienen. Auch hier beschränkt sich die Literatur auf die Diskussion über Wirtschaftsfragen und deren Umsetzungsmöglichkeiten in der Zeitschrift „liberal". Hervorzuheben ist weiterhin die Darstellung Konrad Stollreithers „Mitbestimmung",[43] die aber auf die Position der FDP allein in einem Unterkapitel eingeht.

2. Die Position der FDP im deutschen Parteiensystem bis 1966

Zwischen 1961 und 1983 befanden sich lediglich drei Fraktionen im deutschen Bundestag: die CDU/CSU-Fraktion, die mit Ausnahme der 7. Legislaturperiode die stärkste Gruppierung darstellte, die SPD, mit dieser Ausnahme stets die zweitstärkste Fraktion,

---

[39] Vgl. u.a. Ralf Dahrendorf: Bildung ist Bürgerrecht. Plädoyer für eine aktive Bildungspolitik, o.O. 1965.
[40] Vgl. u.a. Hildegard Hamm-Brücher: Gegen Unfreiheit in der demokratischen Gesellschaft, München 1968.
[41] Vgl. Arthur Hearnden: Bildungspolitik in der BRD und DDR, Düsseldorf 1973.
[42] Vgl. Christoph Führ: Die unrealistische Wendung. Rückblick auf Bildungsreformkonzepte der sechziger Jahre, in: Ders.: Bildungsgeschichte und Bildungspolitik. Aufsätze und Vorträge, Köln/Weimer/ Wien 1997, S. 190-210.
[43] Vgl. Konrad Stollreither: Mitbestimmung. Ideologie oder Partnerschaft, München 1975.

sowie die FDP-Fraktion. Letztere erreichte zwischen 1961 und 1965 mit 13,43 Prozent aller Abgeordneten ihren Bestwert. Dessen ungeachtet bildete sie mit Ausnahme der Jahre 1966 bis 1969 stets einen Teil der Regierung(smehrheit) der Bundesrepublik, wobei sie sowohl mit Christ-, als auch mit Sozialdemokraten koalierte. Ihre relativ geringe Bevölkerungszustimmung konnte sie durch ihre mehrheitsbildende Funktion im deutschen Parteiensystem in einen überproportional hohen Einfluss verwandeln.

Die Ursprünge der drei Bundestagsparteien[44] lassen sich auf drei Grundkonzeptionen, verbunden mit ebenso vielen Leitmotiven, zurückführen. Stellt für die Union der Konservativismus mit seinem Solidaritäts- und Ordnungsmotiv das konstitutive Moment dar, so orientiert sich die SPD am Modell des Sozialismus und zielt auf Gleichheit ab. Das dritte Modell wird originär durch die FDP vertreten: Liberalismus und Freiheit. Um diesen Grundgedanken zu verdeutlichen, wählte die Partei den Namen Freie Demokratische Partei. Die Entwürfe stehen nebeneinander, ergänzen sich und wurden – da keiner einen Ausschließlichkeitsanspruch beanspruchen kann – von den drei Parteien aufgenommen.[45] Die Väter der Verfassung sicherten einen liberalen Rechtsstaat und erfüllten damit eine große Zahl der Ziele des klassischen Liberalismus. So stellte Dehler trocken fest: „Die Demokratie in der Bundesrepublik ist in allem, was sie wertvoll macht, antisozialistisch; die Ordnung ihres Rechts, ihrer Gesellschaft, ihrer Wirtschaft ist liberal."[46] Mit seinem polemischen Ton zeigte er nicht nur Differenzen zur SPD auf, sondern argumentierte, die Bundesrepublik fuße auf den Leitprinzipien der FDP. Mag dies bei Dehler ein Element der Selbstdarstellung gewesen sein, so hatten sich freiheitliche Ideen in weiten Gebieten tatsächlich durchgesetzt.[47]

Dem erklärten Erfolg der Idee stand die Schwäche des parteipolitischen Liberalismus gegenüber. Den Freien Demokraten ist der Durchbruch zu einer Mitgliederpartei nicht gelungen. Die Partei befand sich bei Mitglieder- und Wählerschaft in einer strukturellen Minderheitsposition. Selbst in sozialen Schichten, die das Rückgrat der FDP bildeten,

---

[44] CDU und CSU werden trotz ihrer organisatorischen Trennung in dieser Arbeit als eine Partei betrachtet.
[45] Bspw. ist im Godesberger Programm der SPD unter der Überschrift „Grundwerte des Sozialismus" zu lesen: „Freiheit und Gerechtigkeit bedingen einander." Vgl. Godesberger Programm, in: Parteivorstand der SPD (Hrsg.): Programme der deutschen Sozialdemokratie, Bonn 1995, S. 147-168, hier S. 149.
[46] Thomas Dehler: Das Risiko der Freiheit, in: liberal 7 (1965), S. 560.
[47] Vgl. Wolfgang Rudzio: Das politische System der Bundesrepublik Deutschland, 5. Aufl., Opladen 2000, S. 45-57.

blieb die Anhängerschaft der Partei in der Minorität. Galt die FDP als Vertreter des „alten und neuen Mittelstandes"[48], so hatte sie auch dort trotz einer überproportional positiven Parteipräferenz bspw. im Wahljahr 1972 nur eine Zustimmung von acht bzw. zehn Prozent zu verzeichnen.[49] Die Freien Demokraten konnten in keiner sozialen Schicht auf eine mehrheitliche Unterstützung zurückgreifen. Zugleich zeigte der „neue Mittelstand", die Schicht mit relativ höchster Zustimmungsquote, die höchste Mobilität ihrer Parteipräferenz.[50] So war die Partei in einer „Zustimmungsdelle" sofort in Gefahr, unter die Fünf-Prozent-Grenze zu rutschen. Sie war weniger krisenresistent als CDU/CSU und SPD, die sich auf eine relativ stabile Unterstützung in „altem Mittelstand" bzw. Arbeiterschaft verließen.[51] Diese konnten, durch ihre Verankerung in allen Schichten, Schwächen ausgleichen. Die mangelnde Stützung der FDP innerhalb der Wahlbevölkerung stand in Kontrast zur Durchdringung der Gesellschaftsordnung und des politischen Systems mit liberalen Ideen. Der parteipolitische Liberalismus stand in Gefahr, Opfer des Erfolgs der eigenen Idee zu werden.

In der Frühphase der Bundesrepublik bestanden neben der mangelhaften ideologischen Unterfütterung für die FDP folgende nachteilige Ausgangsbedingungen:[52]

- eine Definition des Begriffs Liberalismus blieb aus
- Theodor Heuss fiel im Unterschied zu Konrad Adenauer und Kurt Schumacher als Parteiführer aus
- politische Aktivitäten blieben auf wenige Gebiete beschränkt (Wirtschaft/Recht)
- mangelhafte Akzentuierung gegenüber der CDU/CSU

Hinzu trat ein struktureller Nachteil der FDP im parteipolitischen Wettbewerb: fehlende Einigkeit. Das Schisma der Weimarer Republik setzte sich in den verschiedenen Flügeln fort. Die Gegensätze beider Seiten – Wirtschaftsliberale und Rechtsstaatsliberale

---

[48] Unter „altem Mittelstand" versteht Franz Urban Pappi Selbstständige, freie Berufe und Landwirte. „Neuer Mittelstand" umfasse Angestellte und Beamte. Vgl. ders.: Sozialstruktur, gesellschaftliche Wertorientierung und Wahlabsicht, in: Max Kaase (Hrsg.): Wahlsoziologie heute. Analysen aus Anlaß der Bundestagswahl 1976, Sonderheft der PVS 18 (1977), S. 195-229.

[49] Die erste Zahl bezieht sich auf den „alten Mittelstand", die Zweite auf den „neuen Mittelstand". Zu den Zahlen, vgl. Peter Gluchowski/Ulrich von Wilamowitz-Moellendorf: Sozialstrukturelle Grundlagen des Parteienwettbewerbs in der Bundesrepublik Deutschland, in: Oscar W. Gabriel/Oskar Niedermeyer/ Richard Stöss (Hrsg.): Parteiendemokratie in Deutschland, Bonn 1997, S. 190.

[50] Vgl. ebd. S. 186.

[51] Dabei darf aber die grundsätzliche Abnahme traditioneller Zustimmungsmuster, die auch SPD und Union treffen, nicht vernachlässigt werden. Vgl. ebd. S. 188.

[52] Vgl. Heino Kaack (Anm. 26), S. 16.

– erzwangen die Suche nach Kompromissen. Die Freien Demokraten erzeugten mit differenten Meinungen den Eindruck, sie seien zerstritten, wobei Unterschiede besonders in nationalen Positionen, seltener in gesellschaftspolitischen Bereichen, auftraten.[53]

Das mühevolle Nebeneinander sicherte den Bestand der FDP, eine ausreichende Klärung des ideologischen Selbstverständnisses wurde jedoch behindert. Der Terminus Liberalismus tauchte im ersten Grundsatzprogramm der FDP – erst 1957 verabschiedet – allein als „liberale Kulturgesinnung" auf.[54] Als Ersatz fungierte die Abgrenzung von Marxismus und Religionsmissbrauch. Eine positive, nicht auf Ablehnung gegensätzlicher Positionen basierende Auslegung, fehlte.

Trotz quantitativer Schwäche gelang es, sich als Koalitionspartner für eine der beiden Volksparteien beinahe unentbehrlich zu machen.[55] Der koalitionsarithmetischen Erfolgsgeschichte der FDP stand entgegen, dass der Durchbruch zu einer Volkspartei misslang. Noch auf dem Parteitag 1962 erklärte Walter Döring, der stellvertretende Bundesvorsitzende, die Partei müsse aus dem „Naturschutzpark des Bürgerlichen"[56] heraus und sich breiteren Bevölkerungsschichten öffnen. Doch bereits zwei Jahre später tauchte der Ausdruck im Parteitagsbeschluss der Liberalen nicht mehr auf. Die Wahlergebnisse und die Angst, wichtiger Wählergruppen verlustig zu gehen, trugen dazu bei. Ob der Durchbruch zu einer Volkspartei möglich gewesen wäre, ist zu bezweifeln. Der Generalsekretär des liberalen Weltbundes Barthold C. Witte stellte 1964 fest, dass viele Liberale ein einengendes Elitenbewusstsein pflegten.[57]

Diese Anhänger zu verlieren hätte die Partei nahe an die Existenzgrenze gedrängt. Die zeitliche Verschiebung von Wählerab- und zufluss konnte die FDP das parlamentarische Aus bedeuten. Der spätere Generalsekretär Karl-Hermann Flach bedauerte den fehlenden Mut der Liberalen, als er in dem Abbruch des Ausbaus zu einer Volkspartei eine verge-

---

[53] Vgl. Theo Schiller: Wird die F.D.P. eine Partei, in: Wolf Dieter Narr (Hrsg.): Auf dem Weg zum Einparteienstaat, Opladen 1977, S. 128.

[54] Vgl. „Berliner Programm der Freien Demokratischen Partei", in: Heino Kaack (Anm. 26), S. 77-87, hier S. 78.

[55] Mit Ausnahme der Jahre 1956-61 koalierte die FDP auf Bundesebene von 1949 bis 1966 mit der CDU/CSU. Eine selbstständige Mehrheit erhielt die CDU/CSU allein 1953-61, wobei die Union zwischen 1953 und 1956 zur Gewinnung einer verfassungsändernden Mehrheit eine Koalition u.a. mit der FDP schloss.

[56] Zit. nach Kurt J. Körper: FDP. Bilanz der Jahre 1960-66. Braucht Deutschland eine liberale Partei?, Köln 1968, S. 30; Vgl. zu den Versuchen der FDP zu einer Volkspartei aufzusteigen: Alf Mintzel: Die Volkspartei: Typus und Wirklichkeit. Ein Lehrbuch, Opladen 1983, S. 37-40.

[57] Vgl. Kurt J. Körper (Anm. 56), S. 33/34.

bene Chance sah. Nach Flach drohe ihr als „Mitregierungspartei"[58] der Verlust eigenen Profils. Das dauernde Dilemma wurde deutlich: Einerseits der Zwang zum koalitions-politischen Kompromiss, andererseits der drohende Verlust der Eigenständigkeit und die Gefahr, als Vasall der Union wahrgenommen zu werden. Die Beteiligung an der Bundes-regierung zwang zu ungeliebten Übereinkünften, da die SPD als Alternative für die Kanzlerpartei zur Verfügung stand.[59]

So schwächte der Erfolg der FDP – die langjährige Beteiligung an den verschiedenen Bundesregierungen – die parteipolitische Entwicklung der FDP. Ein Weg der Koalitions-fähigkeit und Sicherung ideeller Eigenständigkeit umfasste, wurde nicht gefunden. Oft wurde er auch nicht gesucht. So erscheint es typisch für die Haltung Erich Mendes (FDP-Vorsitzender 1960-1968), wenn er im Rückblick auf die Situation der sechziger Jahre schreibt: „Für mich war diese Funktion der FDP, nämlich Antrieb, Motor oder Bremse, Regulativ, Korrektiv (...) zwischen den beiden Grundsatzströmungen Sozial-demokratie einerseits, konfessionsbedingte Christliche Demokratische Partei anderer-seits, also zwischen zwei ideologisch programmierten Parteien, wichtiger als die soge-nannte weltanschauliche Grundlage".[60] Die Korrektivfunktion der FDP wurde der ideel-len Basis übergeordnet. Erschienen die Liberalen wenig prinzipientreu, so waren sie zu-gleich eine moderne Partei. Solange die Liberalen das durchhielten und nicht eine ein-seitige Bindung an eine Seite vornahmen, besaß die FDP eine wichtige Scharnier-funktion. Unter Mende war dies aber nicht gewährleistet. Er verstand die FDP als „Ko-piloten" einer unionsgeführten Bundesregierung, wobei den Liberalen die Aufgabe zu-fiele, „Höhe und Richtung der Regierungsmaschine mitzubestimmen".[61] Sollte die SPD Mandate gewinnen und eine bürgerliche Mehrheit erschweren, unterwarf das die Freien Demokraten einer existenziellen Gefahr. Für die Regierungsbildung nicht benötigt, ver-lor sie ihre Bedeutung als Funktionspartei und ihre Existenz war infrage gestellt.

Zweck jeder politischen Gruppierung ist die Erringung gestalterischer Macht. Die FDP hatte jedoch nur die Chance, einen Teil dieser Macht zu erringen. Das vielbeschworene

---

[58] Zit. nach: Ebd. S. 35/36.
[59] So äußerte sich Wehner vor SPD-Funktionären nach der Bundestagswahl 1961: „Wenn wir einmal mit 6 oder 8 Bundesministern [als Partner einer Großen Koalition] vier Jahre lang in der Regierung in Bonn sind, wollen wir mal sehen, ob der „Rote Bürgerschreck" noch in Deutschland sitzt, oder ob nicht eine neue Zeit begonnen hat." Zit. nach: Mathias Siekmeier (Anm. 36), S. 58.
[60] Zit. nach: Ebd. S. 90.
[61] Zit. nach: Arnulf Baring (Anm. 30), S. 156.

„Wächteramt"[62] der FDP mochte das Selbstverständnis sichtbar machen, „den Kurs der andern als prinzipielle Koalitionspartei zu beeinflussen, zu verändern, zu korrigieren – kurzum: Eher Schaden abzuwehren (...) als Nutzen zu mehren."[63] Sie hatte als Korrektiv an den Entscheidungen Teilhabe, eigene Ausformung war kaum möglich. Die FDP war die „geborene Regierungspartei". Eine Gruppierung, die Reformen mit kleinen Schritten erstrebt, ist auf gestalterische oder zumindest begleitende Regierungsgewalt angewiesen. In Regierungsverantwortung kann der Staat schrittweise umgeformt werden.

Dabei krankte die FDP neben den genannten Mängeln unter vier strukturellen Nachteilen gegenüber den beiden Volksparteien:[64]

- die FDP besaß kaum gesellschaftliche Vorfeldorganisationen
- sie litt an dauerhaftem Mitglieder- und Finanzmangel
- sie stand zwischen den von den Volksparteien gebildeten politischen Polen
- sie erfüllte durch ihre Schwäche nicht das Sicherheitsbedürfnis ihrer Sympathisanten

Der Mangel an gesellschaftlichen Vorfeldorganisationen[65] erschwerte die Verwurzelung der FDP in der Bevölkerung. Es standen kaum Transmissionsriemen zwischen Parteistruktur und Öffentlichkeit zur Verfügung. Die FDP blieb als politische Gruppierung fern am Horizont des Blickfeldes potenzieller Sympathisanten, der akklimatisierende Zwischenschritt hin zu einer späteren Mitarbeit in der liberalen Partei blieb aus.

Exklusivitätsanspruch und geringe gesellschaftliche Verankerung verhinderten einen Zuwachs der Mitgliedschaft. Mangelnde Kampagnenfähigkeit – durch quantitatives Personaldefizit und geringe Finanzkraft – folgte. Es deutete sich ein Negativzyklus an: mangelnde gesellschaftliche Verankerung verminderte die Attraktivität, die FDP wurde vor Ort nicht wahrgenommen. Folgend fiel die Zahl der Neuaufnahmen gering aus, die Mitgliederzahl blieb gering, weshalb Beitragsgelder fehlten. Jede programmatische Wand-

---

[62] Dies wurde auch noch in den siebziger Jahren beschworen. Das „Wächteramt gegenüber der sozialistischen Utopie ebenso wie gegenüber der konservativen Erstarrung" fiele der FDP zu. Vgl. Karl-Hermann Flach: Mehr Demokratie für mehr Menschen, in: Ders./Werner Maihofer/Walter Scheel: Die Freiburger Thesen der Liberalen, Reinbek 1972, S. 21.

[63] Zit. nach: Klaus Hildebrandt: Von Erhard zur Großen Koalition: 1963-1969, Stuttgart 1984, S. 69.

[64] Hierbei stütze ich mich auf die Thesen Kaacks, der die vier Punkte für die Positionierung der FDP im bundesdeutschen Parteiensystem verwendet. Vgl. Heino Kaack: Das Volksparteiensystem der Bundesrepublik Deutschland und die Situation der FDP, in: Lothar Albertin (Anm. 28), S. 40-42.

[65] Unter Parteivorfeldorganisationen der FDP waren nur der Liberale Studentenbund LSD und die Jugendorganisation DJD zu verstehen.

lung vollzog sich unter dem Damoklesschwert finanzieller Abhängigkeit, da die Partei auf Spenden massiv angewiesen blieb.

Den dritten Nachteil der Liberalen gegenüber den Volksparteien ergab ihre ideologisch-inhaltliche Einordnung im Parteiensystem. In den sechziger Jahren erreichte die programmatische Polarisierung der Bundestagsparteien die geringsten Werte der bundesrepublikanischen Geschichte zwischen 1949 und 1994.[66] SPD und Union näherten sich an und verkleinerten den Platz für die originäre „Mitte" FDP. In den Programmen zum Urnengang 1965 und 1969 tauchten bei allen drei Parteien mehrheitlich „linke Haltungen"[67] auf. Waren die Gruppierungen kaum unterscheidbar, erschien eine künstliche Polarisierung – die Wahlrechtsreform – attraktiv.

Schließlich führten die erwähnten Punkte zu FDP-Wahlergebnissen, die sich nahe der Fünf-Prozent-Markierung befanden. Für die Sympathisantenschar war unklar, ob die Partei ins Parlament einziehen würde. Der Wähler erwartete aber von „seiner" Partei, dass sie seine politischen Wünsche erfülle. Der wahrscheinliche Koalitionspartner hatte demgegenüber eine sichere parlamentarische Präsenz vorzuweisen. Gelang der FDP keine überzeugende Abgrenzung von dessen Position, bestand die Gefahr, dass sich die Wähler für die Volkspartei entschieden. Bei der Wahl 1961 gelang die Doppelstrategie, die FDP als Korrektiv zur Union darzustellen, da die Liberalen mit ihrer Ablehnung Konrad Adenauers bei gleichzeitiger Befürwortung einer christlich-liberalen Koalition eine überzeugende Wahlalternative anboten. Fehlte solch eine Ausgangsbasis verlor die FDP diese Wähler.

Einige der für eine Massenintegrationspartei typischen Merkmale waren aber auch für die Liberalen nachweisbar: [68]

- Vorrang der Wählerstimmenmaximierung vor programmatischer Konsequenz
- Tätigkeit auf Stimmengewinn statt Bürgerpartizipation fokussiert
- Legitimation durch Kontinuität statt Innovation und Anpassung an den politischen Mainstream

---

[66] Vgl. Hans-Dieter Klingemann/Andrea Volkens: Struktur und Entwicklung von Wahlprogrammen in der Bundesrepublik Deutschland 1949-1994, in: Oscar W. Gabriel/Oskar Niedermeyer/Richard Stöss (Anm. 49), S. 533.
[67] Ebd. S. 535.
[68] Andere Elemente zur Typologisierung von Volksparteien sind Systemlegitimation, Zusammenarbeit in Sachfragen und die Integration differenter Gruppen. Vgl. Richard Stöss: Einleitung, in: Ders. (Hrsg.): Parteien-Handbuch, Opladen 1983, S. 121-142.

Ist Zweck politischer Gruppierungen auf die Gewinnung gestalterischer Macht gerichtet, erscheint der Vorrang der Wählerstimmenmaximierung verständlich. Ein „Gemischtwarenladen", der Angebote für alle Bevölkerungsschichten beinhaltete, versprach höhere Gesamtstimmenergebnisse. Dieses Prinzip entsprach dem Erfolgsrezept der Volksparteien.[69] Der FDP fehlten jedoch zur gewinnbringenden Nachahmung die Ausgangsfaktoren. Verstärkend wirkte, dass der Koalitionszwang die Klarheit der FDP-Programmatik behinderte. Die Partei musste ihre Partnerschaftsfähigkeit unter Beweis stellen und Kompromisse eingehen. Die Aussagen mussten nicht allein für potenzielle FDP-Wähler attraktiv erscheinen, sondern in Kongruenz zu den Zielen des gewünschten Partners stehen.

Sichtbares Beispiel war das Dilemma, in das die FDP mit einem personellen Thema – nicht einmal eine Inhaltsfrage – durch Vorgeschichte und Verlauf der Koalitionsverhandlungen 1961 geriet. Kurz vor dem Urnengang erklärte Mende: Die Freidemokraten seien „zu einer Koalition mit der CDU bereit, falls diese die absolute Mehrheit verlieren würde. Aber der Kanzler dürfe dann nicht Konrad Adenauer heißen. Vielmehr würden die Freien Demokraten Ludwig Erhard oder auch jedem anderen Kandidaten aus den Reihen der CDU/CSU den *Vorzug* geben".[70] Auf den ersten Blick eindeutig, fehlte zugleich Klarheit, eine Bevorzugung Erhards war nichts Neues. Die griffige Formel „Mit der CDU – ohne Adenauer" konnte nicht ohne eine mögliche Rückzugsposition lanciert werden, da eine Beendigung der Kanzlerschaft Adenauers bei den gegebenen Mehrheitsverhältnissen allein mit tragender Beteiligung führender Unionspolitiker möglich war. Die FDP musste Rücksicht auf die Haltung des Partners nehmen.

Das deutsche Parteiensystem ist durch ein hohes Maß an Stabilität geprägt. Allein die Ergebnisse der Bundestagswahlen zeigen dies – bis 1998 fanden nur abgefederte Regierungswechsel statt. Zumindest ein Koalitionspartner bestätigte seine Beteiligung in der Exekutive. Sicherheit stand an erster Stelle. Plakativ wurde dies, als die Sozialdemokraten vor der Bundestagswahl 1965 dem Unionsslogan „Unsere Sicherheit – CDU" die Schlagzeile „Sicher ist sicher – SPD" entgegensetzten. Ungeachtet der Frage, ob damit

---

[69] Nach Stöss erhebt eine Volkspartei den Anspruch, das Volk in seiner Gesamtheit zu repräsentieren, dem Gemeinwohl zu dienen, sowie alle wesentlichen Interessen mit Programmangeboten zu bedienen. Vgl. ebd. S. 121.
[70] Zit. nach: Daniel Koerfer: Kampf ums Kanzleramt. Erhard und Adenauer, Stuttgart 1987, S. 552. (Hervorhebung vom Verfasser)

Lust auf einen Regierungswechsel erzeugt werden konnte, deuteten diese Slogans auf herrschende Alternativlosigkeit hin. Von Dehler als „das absolute Nichts"[71] abqualifiziert, konnten die Liberalen gleichfalls keine Akzente setzen. Die FDP profilierte sich über die Ablehnung von Franz-Josef Strauß,[72] ähnlich der Anti-Adenauer-Positionierung 1961, stellte aber keine wirklichen Gegenangebote zur Wahl. Äußere Entwicklungen, wie die Annäherung der beiden Supermächte, oder auch innere Veränderungen, wie die Entstehung der Protestbewegung, förderten die Hinterfragung bisherigen Sicherheitsdenkens. Zunächst stand 1965 aber noch die Stabilität im Zentrum. Der FDP-Erfolg 1961 wurde nicht zuletzt durch das Versprechen gewonnen, den Kurs der CDU/CSU zu korrigieren, aber in erster Linie zu stützen. Die Wahl 1965 bildete für diese Etappe der Bundesrepublik einen Schlusspunkt. Letztmals konnte mit Erhard ein Kanzler mit der „Aura der Gründerjahre" den Wahlkampf dominieren. Es drängte eine Generation voran, welche Werte der Nachkriegsjahre infrage stellte. Das gestaltete sich zunächst aber noch als Zukunftsmusik, die Wahl 1965 war noch durch eine „Verschweizerung"[73] der Bundesrepublik geprägt. Die FDP konnte und wollte sich diesem Umfeld nicht entziehen, da auch ihre Führungspersönlichkeiten in diesem Milieu gereift waren. Diese Phase endete 1966 mit dem Bruch der christlich-liberalen Koalition.

3. Die Suche nach einem liberalen Selbstverständnis

Zwei Faktoren wirkten für die FDP grundlegend:

- die Bedeutung als ausgleichende Kraft neben den beiden Volksparteien (Korrektivfunktion)
- die parteipolitische Vertretung des Liberalismus

Da bis 1966 die erstgenannte Linie dominierte, schliff sich das liberale Profil ab. Die Freien Demokraten nahmen eine Korrektivfunktion zum Koalitionspartner wahr, oder

---

[71] Zit. nach: Klaus Hildebrandt (Anm. 63), S. 147.
[72] Dies weist auf einen weiteren Nachteil der FDP hin: sie verfügte über keinen polarisierenden Spitzenkandidaten. Vor diesem Hintergrund positionierte sie sich über die Stützung (Erhard 1965) oder Ablehnung (Adenauer 1961, Strauß 1965) eines Spitzenpolitikers des gewünschten Partners. Die Liberalen usurpierten somit geradezu einen parteifremden Politiker und verbanden das Schicksal der Partei mit einem konkurrierenden Politiker.
[73] Klaus Hildebrandt versteht darunter eine Beschränkung auf defensive Provinzialität. Vgl. ders. (Anm. 63), S. 146.

standen zwischen den Volksparteien, ohne in eine Schaukelpolitik zu verfallen.[74] In elf der 17 Jahre bundesrepublikanischer Geschichte hatten Freidemokraten exekutive Macht ausgeübt. Ob dies oft nicht nur ein Zipfel der Macht war – die FDP war nur Juniorpartner – sei dahingestellt. Gerade für den Parteivorsitzenden Mende galt: Lieber der sprichwörtliche Spatz in der Hand, als die kaum zu fangende Taube – liberale Selbstständigkeit – auf dem Dach.

Die Bildung der Großen Koalition schlug der FDP diesen Spatzen aus der Hand, sie verlor ihren Zugriff zur Macht. Sie konnte sich nicht mehr als Korrektiv darstellen. Die Differenzen zwischen Union und SPD waren mit einem beinahe historisch erscheinenden Kompromiss verringert worden.[75] Wurde die FDP noch gebraucht? Hatte sie in der Vergangenheit nicht allein die Erschwerung der Mehrheitsbildung, den Vollzug des Wählerwillens, bewirkt? Bewiesen die vergangenen Wahlgänge mit ihren Zuwächsen des Stimmenanteils der beiden Großparteien nicht die Zwangsläufigkeit der Herausbildung eines Zwei-Parteien-Systems? So gesehen war das Vorhaben der Großen Koalition konsequent, mit der Festschreibung eines Mehrheitswahlrechts für eindeutige parlamentarische Mehrheitsverhältnisse zu sorgen. Damit gewänne der Wähler die Möglichkeit, mit seiner Stimme wirklich die Regierung zu bestimmen. Sein Auftrag würde durch Kompromisslösungen mit einer kleinen Partei nicht mehr verfälscht.

Die FDP kämpfte um ihre Existenz. Gleichzeitig bestanden nun die Bedingungen für die Ausarbeitung eines originär liberalen Programms, für eine Klärung des Liberalismusbegriffs. Rolf Schroers, der Chefredakteur der Zeitschrift „liberal", stellte noch während der Konsultationen zur Regierungsbildung 1966 warnend fest: „Von solcher Loyalität [zum Koalitionspartner] ist die FDP nunmehr entbunden. Sie kann ganz sie selber sein und die Klärung wird ihr gut tun, die Opposition wird ihr nicht schaden. Sie braucht nicht ungeduldig darauf zu lauern, von neuem in ministerielle Machtpositionen einzurücken. Doch soll sie dazu bereit sein. (...) Wir hoffen sogar, daß die Periode der Opposition kurz bleiben möge; doch diese Hoffnung hat ihre Grenzen dort, wo Koalition nur

---

[74] Zwischen 1949 und 1966 hatte die FDP auf Bundesebene keine Koalition mit der SPD geschlossen, auch wenn die Wahlen 1961 und 1965 dafür eine rechnerische Mehrheit ergaben.

[75] Auch wenn beide Seiten die Große Koalition nur als Bündnis auf Zeit betrachteten, die Konstellation der Regierungsbildung wies auf ihre Tragweite hin. In einer Phase drohender Rezession, der ersten in der BRD, schlossen sich die beiden Volksparteien zusammen, um die Krise zu lösen. Auch die personelle Besetzung der Regierung, u.a. mit Finanzminister Strauß und seinem Antipoden der „Spiegel"-Affäre, dem stellv. Regierungssprecher Ahlers, deutete einen weitgehenden Ausgleich an.

angeboten wäre, um (...), gleichgütig mit welchem Partner, zu stagnieren."[76] Die Worte sollten Mahnung und Aufmunterung zugleich sein, den Verlust exekutiver Gestaltungsmacht nicht als Ende der Partei wahrzunehmen. Jetzt war für Schroers der Zeitpunkt erreicht, an dem die FDP ihren angestammten Platz, die Vertretung des Liberalismus in der Bundesrepublik, übernehmen müsse.

Forderungen nach einer Klärung des liberalen Selbstverständnisses waren bereits vor dem Gang in die Opposition vorgetragen worden. Auf dem Parteitag 1966 erklärte Bundesgeschäftsführer Hans Friderichs: „Die FDP muß entsprechend ihrem liberalen Grundcharakter eine durchgängige liberale Programmatik entwickeln. Eine darauf aufgebaute Politik macht sie von anderen Parteien unterscheidbar, da deren Politik auf Grund ihrer inneren Struktur einen Kompromißcharakter haben muß."[77] Der Aufruf zu einer Definition des Liberalismus wurde gestellt, allerdings war es symptomatisch, dass Friderichs – Mitarbeiter der Partei, nicht der Bundestagsfraktion – die Begriffsbestimmung funktional begründete. Die FDP suchte durch ein unverwechselbares Liberalismuskonzept einen festen Platz im Parteiensystem. Der Zielkonflikt, Erhaltung des Zugriffs auf die Exekutive einerseits – die FDP befand sich noch in der Bundesregierung – und die Ausbildung eines originär eigenständig liberalen Profils andererseits, ließ diesen Aufruf verhallen.

Der Herbst 1966 befreite die Freien Demokraten von diesen Zwängen. Bundesschatzmeister Hans Wolfgang Rubin verdeutlichte in „liberal": „Die FDP muß ihre einmalige Chance als parlamentarische Opposition begreifen."[78] Die Klärung ihrer programmatischen und ideologischen Stellung betrachtete er als notwendig. Er schrieb eindrücklich: „Die Stunde der Wahrheit – wenn die Zeichen nicht täuschen – sie steht kurz bevor. Wen sie unvorbereitet trifft, wer glaubt ihr immer noch ausweichen zu können, wer es alsdann noch wagt, sich und andere zu täuschen, wird in ihr umkommen."[79] Eine Klärung des Liberalismusverständnisses forderte auch der Mannheimer Politikwissenschaftler Manfred Wildenmann, der vor dem Bundesvorstand mahnte, die FDP müsse sich zum liberalen Fortschrittsmotor entwickeln.[80] Veränderungsdruck lastete auf der FDP. Es galt zu beantworten, ob es einen eruptiven Ausbruch gäbe, oder ob die Kräfte der defensiven Positio-

[76] Rolf Schroers: Die Stunde der Wahrheit, in: liberal 8 (1966), S. 802.
[77] Zit. nach: Ulrich Josten (Anm. 34), S. 199/200.
[78] Hans Wolfgang Rubin: „Die Stunde der Wahrheit", in: liberal 9 (1967), S. 164.
[79] Ebd. S. 161.
[80] Vgl. Georg A. Kötteritzsch (Anm. 31), S. 379.

nierung die Oberhand gewinnen würden und eine strikt eigenständige Positionierung des Liberalismus verhindern oder zumindest verlangsamen könnten.

An der Spitze der Partei stand Erich Mende,[81] der noch nach dem Koalitionsbruch für die Wiedergewinnung der bürgerlichen Mehrheit gearbeitet hatte.[82] Er appellierte zunächst an die Kontinuität, als er im „Spiegel" erklärte: „Ich möchte die liberale Opposition mit einem gewissen Augenmaß in die Alternativposition führen und nicht mit einem Salto liberale, der leicht zu einem Salto mortale werde könnte."[83] Damit verprellte er die bisherigen Anhänger nicht, aber eine Neupositionierung war so kaum realisierbar. Aus Sicht Mendes war diese ohnehin nur ein Hirngespinst. Mit den alten Leuten – Mende erklärte später, zwei Drittel der FDP-Bundestagsfraktion wären jederzeit zu einer Neuauflage der bürgerlichen Koalition bereit gewesen[84] – war es schwer, neue Politik zu betreiben. Folgerichtig lehnte er Anfang 1967 einen Vorschlag des „Stern"-Chefredakteurs und FDP-Mitglieds Henri Nannen ab, der ihm publizistischen Flankenschutz von „Stern", „Spiegel", „Süddeutscher Zeitung" und „Frankfurter Rundschau" für einen programmatischen Kurswechsel angeboten hatte. Mende begründete seine Abwehr damit, dass andernfalls massive Wählerverluste drohten. Nannen forderte ihn daraufhin zum Rücktritt auf.[85] Mendes primäre Orientierung galt dem Kampf gegen den „Rot-Schwarzen-Proporz"[86]. Das war aus seiner persönlicher Sicht nachvollziehbar, die Bildung der Großen Koalition kostete ihn den Kabinettssitz, aber im Blick auf die Gesamtlage der FDP zu profillos.

Mendes Gegenpart wurde auf dem Parteitag 1967 durch Hildegard Hamm-Brücher ausgedrückt: „Ich darf doch nicht immer nur fragen: Wieviel Stimmen bringt das? Ich muß doch fragen: Welchen Beitrag hat der politische Liberalismus zu dieser oder jener Frage zu leisten?"[87] Hier setzte sich einer der – meist jüngeren – Vertreter für die Stär-

---

[81] Für eine Charakterisierung der FDP-Vorsitzenden bis 1998: Vgl. Wolfgang Schollwer: Liberale Führungspersonen – Die Parteivorsitzenden, in: Walter Scheel/Otto Graf Lambsdorff (Hrsg.): Freiheit in Verantwortung – deutscher Liberalismus seit 1945, Gerlingen 1998, S. 161-182.

[82] Zu Beginn der Großen Koalition herrschte in FDP-Reihen noch die Hoffnung, dass die neue Regierung keine Stabilität gewinnen und bald scheitern würde. Verstärkte das Ergebnis der Kanzlerwahl (zahlreiche Gegenstimmen aus den Koalitionsfraktionen) diese Erwartung, so schwand sie zunehmend, da sich die Zusammenarbeit als überraschend harmonisch erwies. Vgl. Daniel Koerfer (Anm. 33), S. 43/44.

[83] Zit. nach: „Die Wähler wollen keinen wilden Haufen", in: Der Spiegel 21 (1967), H. 15, S. 31.

[84] Vgl. Erich Mende: Von Wende zu Wende, München/Berlin 1986., S. 251.

[85] Vgl. ebd. S. 256.

[86] Vgl. ebd. S. 253.

[87] Zit. nach: Hildegard Hamm-Brücher (Anm. 40), S. 181.

kung des liberalen Grundgedankens, für die Stärkung der ideologischen Eigenständigkeit der FDP ein. Dass dies unter dem Risiko der Abwanderung manches Wählers geschehen musste, war ihr klar. Auf der anderen Seite konnten neue Anhänger aus der Nachkriegs-generation gewonnen werden. Die ambivalente Haltung Mendes zu dieser Strategie, die im besonderen auch der neue „Star" Professor Ralf Dahrendorf vertrat, wurde vom Par-teivorsitzenden verdeutlicht, als zurück blickte, der Professor sei „für die FDP positiv, zugleich aber ein wenig zu sprunghaft und oft zu utopisch"[88] gewesen. Dieses Bild drückte die Position großer Teile der alten Parteiführung gegenüber den sich andeuten-den Veränderungen aus: Erneuerung ja, aber nur in kleinen überschaubaren Schritten.

Der Parteitag 1967 in Hannover stand im Zeichen grundsätzlicher Dispute über die Zu-kunft der FDP. Der Konflikt zwischen National- und Rechtsstaatsliberalen wurde durch eine neue Dreiteilung der FDP überlagert:[89]

- Die Nationalliberalen
- Die Rechtsstaatsliberalen
- Die Vertreter einer unabhängigen Mitte

Standen die beiden erstgenannten Gruppierungen trotz innerer Heterogenität[90] und Ge-gensätzlichkeit für die Erhaltung der FDP als Funktionspartei (Orientierung an einem Bündnis mit CDU/CSU bzw. SPD), wünschte die dritte Fraktion eine Neuorientierung der Freien Demokraten. Die FDP als eigenständige Gruppierung sollte sich als Träger entschlossener Reformen etablieren. Als Aufgabe des Liberalismus sahen sie, das über-kommene System der Adenauer-Ära zu verändern, um es für die Zukunft zu stabili-sieren. Dies sei um so drängender, da die Legitimität des politischen Systems erodiere.[91]

Das Aktionsprogramm der FDP, auf dem Parteitag 1967 verabschiedet, stellte den ers-ten Ansatz für die Bestimmung des Begriffs Liberalismus dar. Diesem wurde durch seine Erwähnung in der ersten der insgesamt 107 (!) Thesen eine herausgehobene Bedeutung gewährt. Die Autoren ließen verlauten: „Der Liberalismus hat den modernen Rechtsstaat

---

[88] Erich Mende (Anm. 84), S. 273.
[89] Vgl. dazu: Daniel Koerfer (Anm. 33), S. 20-36.
[90] So wich der Landesverband Hessen noch von der konservativen Mende-Linie ab, als die Mitglieder der Landtagsfraktion beantragten, im neugewähltem Plenum rechts von der NPD platziert zu werden. Im LV-Niedersachsen wurde ein Antrag zu Listenverbindungen mit der NPD nur mit 170:108 Stimmen (61 Prozent) abgelehnt. Die Distanz zu den Volksparteien wäre mit dieser Haltung vergrößert worden.
[91] Ralf Dahrendorf: Von der Analyse zur Initiative: Das Ende eines Wunders, in: Ders: Für eine Erneu-erung der Demokratie in der Bundesrepublik, München 1968, S. 72.

geschaffen (...). Er wird auch in Zukunft ohne die entscheidende Mitwirkung des politischen Liberalismus nicht bestehen. Die Verfassungswirklichkeit der Bundesrepublik muß freiheitlich, fortschrittlich, also liberal sein.“[92] Die Definition war nur als allgemeines Bekenntnis zur freiheitlichen Grundordnung zu werten, das alle Bundestagsparteien unterschreiben konnten. Ungeachtet des Anspruchs, „die liberale Idee vom Menschen und von der Gesellschaft ist die bewegende Kraft unserer Zeit“[93], fehlte eine theoretische Klärung, die auf alle Politikfelder Anwendung finden konnte. Zwar ging die FDP erstmals über den abgrenzenden Ansatz hinaus, doch beschränkte sie die Vertretung liberaler Ideen – die Sicherung der Freiheit des Individuums – auf die Bereiche Rechtsstaat, Bildungspolitik und das Verhältnis zwischen Bürger und Staat.

Bei dem Programm handelte es sich um eine tagesaktuelle Schrift, ein Grundsatzprogramm, welches das „Berliner Programm“ von 1957 ersetzten konnte, war nicht ausgearbeitet worden. So kurz nach dem Verlust der Regierungsmacht war dies auch nicht zu erwarten, besonders, wenn an der Parteispitze Mende stand, der die Wirkung umfänglicher Veränderungen fürchtete. Auch die innerparteilichen Mehrheitsverhältnisse steckten in einem Patt: die beiden alten Flügel - die Nationalliberalen, repräsentiert durch die Verbände in Bayern, Nordrhein-Westfalen, und Niedersachsen, sowie die Rechtsstaatsliberalen, d.h. primär die Vertreter aus Baden-Württemberg, Rheinland-Pfalz und Hessen – hielten sich die Waage.[94] Verschärft wurden die Differenzen durch die Teilung in Funktionalitätsanhänger und Befürworter ideologischer Eigenständigkeit. Der „Kampf“[95] um die Partei fand keine Entscheidung. Aus Sicht Karl-Herrmann Flachs – Chefredakteur der „Frankfurter Rundschau“ – stellte sich das als schlechtestes Ergebnis dar. Er hatte vor dem Parteitag in „liberal“ festgehalten: „Die Anziehungskraft einer politischen Partei sinkt mit der Zahl der in ihr geschlossenen Grundsatz-Kompromisse. Mag diese Erkenntnis für sehr große Parteien nur relativ gelten, für kleinere gilt sie absolut.“[96]

Drei Optionen zur zukünftigen Positionierung standen zur Auswahl: neben den Möglichkeiten, die Freien Demokraten als eigenständige „dritte Kraft“ zu etablieren oder sich

---

[92] „Ziele des Fortschritts“. Aktionsprogramm der FDP 1967 (Anm. 19), S. 88.
[93] Ebd.
[94] Vgl Daniel Koerfer (Anm. 33), S. 66; An dieser Stelle wird die Ambivalenz innerhalb der FDP sichtbar. Der von Koerfer als liberaldemokratisch eingestufte LV Hessen hatte nach der LTW 1966 noch seine Platzierung im Plenum rechts von der NPD gefordert. Vgl. FN. 90.
[95] Mende verwendete den Ausdrück für den Richtungsstreit. Vgl. Erich Mende (Anm. 84), S. 257.
[96] Karl-Herrmann Flach: Offene Diskussion, in: liberal 9 (1967), S. 176.

an den Großparteien zu orientieren, bestand eine Hoffnung in der Wendung zu einer Partei der nationalen Sammlung. Die Erfolge der NPD, welche die Politik der Großen Koalition stellvertretend für das verkrustete und verkommene System angriff, deuteten das potenzielle Betätigungsfeld an. Das Schreckensbild dieser Veränderung der FDP diente letztlich aber nur als Mittel zur Durchsetzung des Reformkurses. Günter Verheugen führte aus, dass „mit der Neubelebung nationaler Vorstellungen der FDP nur ein unzutreffendes Rechts-Image verliehen werden [könnte], daß sie in Gegensatz zu ihren „linksorientierten" Wählern bringen würde (...). Die FDP würde mit dieser Haltung einen Trennungsstrich zwischen sich und ihrem natürlichen Wählerpotential – den entschieden anti-autoritären Kräften – ziehen."[97] Eine realistische Möglichkeit, die FDP zu einer nationalen Sammlungsbewegung umzustrukturieren, war nicht gegeben.[98]

Der Erfolg der Kritik Karl Jaspers[99] am Status quo der Bundesrepublik forderte aus Sicht vieler Liberaler, neue Perspektiven zu gewinnen, die FDP als eigenständige Kraft zu etablieren. Dies drückte bereits 1964 Hans Haferland in „liberal" aus. „Unsere Vergangenheit haben wir nicht bewältigt, mit dem gegenwärtigen Wohlstand kommen wir leidlich zurecht, und wie werden wir mit der Zukunft fertig?"[100] Der FDP falle die Aufgabe zu, neben den autoritär geprägten Vereinigungen CDU/CSU und SPD als freiheitliche Alternative aufzutreten und Untertanengeist zu bekämpfen.[101] Um dies umzusetzen, war ein unabhängiges Profil nötig. Flach sah im linken Spektrum ein Vakuum, das die FDP füllen könnte. Die neuen außerparlamentarischen Zusammenschlüsse – das „Kuratorium Notstand der Demokratie", die „Demokratische Aktion" und die „Humanistische Aktion" – suchten parlamentarische Repräsentation. Erschien die FDP diesen Verbindungen attraktiv, öffnete sich ein beträchtliches Reservoir. Dahinter stand das Kalkül, dass die SPD mit ihrer Beteiligung an der Großen Koalition für „linke" Gruppen an Anziehungskraft verloren habe. Das entsprach einem Denkansatz, in dem Liberale und Sozialdemokraten die Position tauschten, zuvor war die FDP durch ihre Regierungsbeteiligung für alternative Schichten kaum wählbar gewesen. Die Bezeichnung „Linkslibe-

---

[97] Günter Verheugen: Mut zum Überleben in: X-Information, Berichte-Kommentare-Analysen 1967, H. 7. Zit. nach: Ossip K.Flechtheim (Anm. 21), Bd. 6/1, S. 335.

[98] Ulrich Josten (Anm. 34), S. 132.

[99] Karl Jaspers Buch wurde kurz nach seinem Erscheinen mehrmals neu aufgelegt. Vgl. ders.: Wohin treibt die Bundesrepublik?: Tatsachen, Gefahren, Chancen, Stuttgart/Hamburg 1967.

[100] Hans Haferland: Redaktionelle Vorbemerkungen, in: liberal Sonderheft 4 (1964), S. 3.

[101] Vgl. Günter Verheugen (Anm. 97), S. 334/335.

rale" verwischte die Beweggründe dieser FDP-Mitglieder. Für sie bezog sich linksliberal nicht auf marxistische Theorien, sondern stand für radikal-demokratische Vorstellungen, für modern und fortschrittlich.[102] Die Annäherung an diese Gruppierungen sorgte für neuen innerparteilichen Disput. Sprachen sich die Vertreter der Bundesgeschäftsstelle dafür aus, wandten sich Erich Mende und Willy Weyer strikt dagegen.[103] Zweifelsfrei barg der Ansatz Gefahren – das bisherige Klientel konnte abspringen – doch eröffnete er Möglichkeiten, die aber einen programmatischen Wandel verlangten. Solang dies nicht geschah, musste eine visionäre Politik der „neuen Grenzen"[104] als Illusion erscheinen.

Die öffentlich sichtbarste Veränderung in der FDP war nicht programmatischen Ursprungs, sondern der Wechsel an der Parteispitze.[105] „Spiegel"-Chefredakteur Rudolf Augstein rief den Vorsitzenden Mende in seinem Blatt zum Rücktritt auf: „Ihr Ziel – vom politischen Professor einmal abgesehen – glaube ich zu kennen. Sie wollen bei der nächsten Bundestagswahl über fünf Prozent erringen, damit sie mit der CDU/CSU noch einmal eine Bundesregierung bilden können. (...) Nur ist eine Partei, die nichts anderes will, bis zur Raserei uninteressant (...) und somit unter Zeitzünder zum Tode verurteilt." Augsteins Schlussfolgerung: „Ich bitte Sie: Räumen Sie bis zum nächsten Parteitag Ihren Platz für Leute, die etwas mehr und Lohnenderes im Sinn haben."[106]

Den inneren Zustand der FDP beschreibt die herrschende Diskussion in der Partei: Mende war zur Demission bereit, sein Nachfolgekandidat Weyer lehnte dankend ab und Walter Scheel hielt sich zurück.[107] Bezeichnend für den Zustand der FDP entschied eine Reihe von Zufällen über die weitere Entwicklung an der Spitze. Mende nahm stillschweigend einen Managerposten bei einer Investmentfirma an, nachdem sich seine Hoffnung auf einen Lehrstuhl für Politikwissenschaft zerschlagen hatte.[108] Damit sorgte er für Unmut. Scheel war nach seiner abwartenden Haltung doch kämpferisch, dabei

---

[102] Vgl. Karl-Herrmann Flach: Im Hintergrund geht es um die nächste Koalition – Warum die Deutschland-Debatte in der FDP erbittert geführt wird, in: Frankfurter Rundschau vom 3. 4. 1967. Zit. nach: Ossip K. Flechtheim (Anm. 21), Bd. 6/1, S. 367.

[103] Vgl. Georg A. Kötteritzsch (Anm. 31), S. 371.

[104] Diese Politik der „neuen Grenzen" beschreibt die Politik des US-Präsidenten John F. Kennedy. Dieser genoss bei vielen Vertretern der FDP hohes Ansehen. Vgl. Ulrich Josten (Anm. 34), S. 137.

[105] Vgl. zu der Entwicklung um den Parteivorsitz: Mathias Siekmeier (Anm. 36), S. 343-353; Georg A. Kötteritzsch (Anm. 31), S. 411-429.

[106] Lieber Herr Mende!, in: Der Spiegel 21 (1967), H. 16, S. 28; ähnlich äußerte sich Flach, der schon vor dem Parteitag ein defensives Rückwärtsrudern Mendes monierte. Vgl. ders. (Anm. 102), S. 365-368.

[107] Vgl. Mathias Siekmeier (Anm. 36), S. 347.

überziehend und erfolglos. Weyer bekundete plötzlich Interesse, konnte das Amt aber nicht mit seiner Position als nordrhein-westfälischem Innenminister vereinbaren. Scheel übernahm aus Mangel an Alternativen die Funktion. Ein Politiker gelangte an die Spitze, der sich aus allen Konflikten herausgehalten hatte und keinem Flügel zuzuordnen war.

Die ideologische Neubestimmung trat während dieser Entwicklung in den Hintergrund, nicht zuletzt, weil dem Vorsitzenden eine Schlüsselfunktion auf der Suche nach dem geforderten Grundsatzprogramm zufiel. In den Medien wurde Scheel skeptisch aufgenommen, der „Spiegel" kommentierte bissig: „Auf den Mann mit dem Umfall-Komplex soll ein Stehaufmännchen folgen."[109] Wahrscheinlich war er trotz der Umstrittenheit seiner Wahl zur richtigen Zeit der richtige Mann am richtigen Platz. Symptomatisch für ihn war sein Ausspruch: „Meine Richtung heißt Scheel".[110] Dies erinnerte in seiner Vieldeutigkeit an die Beschreibung René Alemanns von 1956, die FDP zeichne sich durch „proteushafte Vielgestaltigkeit und Vieldeutigkeit, die sich jeder einfachen Formel versagt, das Schillernd-unberechenbare, zerfließende"[111] aus. Ein schwer einschätzbarer Mann trat an die Spitze einer kaum durchschaubaren Partei, deren Kurs ungeklärt war. Scheel konnte auf sich bietende Entwicklungen in der Grundwertedebatte offen reagieren.

Eine theoretisch anspruchsvolle Vision zur Klärung des Liberalismusverständnisses bot der Soziologe Ralf Dahrendorf in seiner Rede auf dem Parteitag 1968 an.[112] Er skizzierte sechs Grundlinien zur Gestaltung liberaler Politik:

- Sicherung der Bürgerrechte
- Politik der Mobilität
- Leistungsprinzip
- Konkurrenzprinzip
- Politik übernationaler Verbindungen
- Politik des akzeptierten Konflikts

---

[108] Mende schob dies auf sozialistische Professoren und linke Studentenschaften, die seine Ambitionen zerstört hätten. Vgl. Erich Mende (Anm. 84), S. 336.

[109] Reiner Tor, in: Der Spiegel 21 (1967), H. 39, S. 30.

[110] Zit. nach: Mathias Siekmeier: Walter Scheel, in: Torsten Oppelland (Hrsg.): Deutsche Politiker 1949-1969, Bd. 2, Darmstadt 1999, S. 159.

[111] Rene Alemann, zit. nach: Rüdiger Zülch: Von der FDP zur F.D.P. Die dritte Kraft im deutschen Parteiensystem, Bonn 1972, S. 14.

[112] Die Rede ist nachzulesen, in: Ralf Dahrendorf: Politik der Liberalität, in: Ders. (Anm. 91), S. 147-164.

31

Dem herrschenden Konservativismus müsse, so Dahrendorf, die FDP als Opposition entgegentreten und Alternativen zur Stagnation anbieten.[113] Der Kern des ganzen Konzepts war im ersten Punkt zu finden. Die Sicherung der Bürgerrechte bedeutete für ihn die Aufgabe, unverschuldete Nachteile auszugleichen und Distanzen zwischen Bürger und staatlichen Institutionen abzubauen. Als Leitfrage diente, ob ein Eingriff nötig sei. Hier wurde die Kontinuität zu den originären Ideen des Liberalismus sichtbar: Individuelle Eigenständigkeit stand im Mittelpunkt. Allein auf der grundsätzlichen Freizügigkeit des Einzelnen fuße ein demokratisches System. Eingriffe in die Freizügigkeit sollten nur vorgenommen werden, um durch Ausgleich struktureller Nachteile die Akzeptanz der demokratischen Ordnung zu garantieren.

Auf dieser Grundlage arbeitete er fünf weitere Punkte heraus. Das Beispiel der schwelenden Krise an Rhein und Ruhr dokumentierte für ihn, dass ein Konzept konservierender Subventionen unhaltbar sei.[114] Stattdessen sollte dem Bürger das Rüstzeug mitgegeben werden, sich in verschiedensten Situationen zurechtzufinden. Motiv drei, die Honorierung der Leistung des Einzelnen, sollte Motivation erzeugen, um die herrschende Stagnation durch einen neuen Aufbruch zu ersetzen. Die Forderung verband sich mit dem vierten Prinzip, der Sicherung und Förderung einer befruchtenden Konkurrenz. Vielfalt statt Einfältigkeit und Schaffung von Anreizen erzeugten aus Sicht Dahrendorfs ein buntes Umfeld, das die Bundesrepublik aus ihrer Selbstbeschränkung herausreißen konnte. In seiner Rede sprach er die Position der FDP im Parteiensystem nicht expressis verbis an, doch machte er sich an anderer Stelle über die Zukunft der Partei gleichfalls Gedanken. Der Weg zur Großen Koalition sei durch Selbstzufriedenheit und Ratlosigkeit aller politischen Gruppierungen gepflastert worden.[115] Er rief die Partei mit seiner Forderung nach der Stärkung des Konkurrenzmodells zu einer selbstbewussteren Darstellung eigener Positionen auf. Hier stand er auf einer Linie mit Rolf Schroers.

Eng verband Dahrendorf mit dem Modell eines Konkurrenzprinzips die Politik übernationaler Verbindungen. An dieser Stelle deuteten sich grundlegende Differenzen zwischen dem Wissenschaftler, der auch im Ausland tätig gewesen war, und den nationalliberalen Ansätzen der FDP an, die u.a. zur Ablehnung der Römischen Verträge geführt

---

[113] Vgl. ebd. S. 160.
[114] Vgl. ebd. S. 158.
[115] Vgl. ders.: Es muß wieder Politik gemacht werden, in: Ralf Dahrendorf (Anm. 91), S. 130-133.

hatten. Nicht genug, dass auswärtige Industrien auf dem deutschen Markt Fuß fassen konnten, eine internationale Öffnung erzwang durch den Zustrom neuer Einflüsse die Überprüfung der überkommenen Zustände im Inland. Das Umfeld wurde von Dahrendorf in weiten Feldern als restaurative Neuauflage älterer deutscher Nationalgeschichte – in der Adenauer-Ära geschaffen und anschließend konserviert – nicht als wirklicher Neuanfang betrachtet.[116] Internationale Einflüsse würden nach seinem Modell diese Konstanten beschneiden und die innere Legitimität der Bundesrepublik sichern. Schließlich der sechste Punkt: Eine Politik des akzeptierten Konflikts. An dieser Stelle kam er auf das Grundelement des Liberalismus zurück. Er verlangte ein Maß an Toleranz, dass die Austragung von Konflikten ermöglicht. Individuelle Meinungen sollten nicht durch die Mehrheit unterdrückt werden.[117] Dieses liberale Essential hob er in seiner Rede heraus, die unter der Überschrift „Politik der Liberalität" stand.

Stand die FDP aus Sicht des Soziologen für Modernität, Offenheit und Freiheit, so warf er den Regierungsparteien vor, ihr innerer Konservativismus habe sie Führung und Kontrolle verlieren lassen.[118] Ob die Partei die Ideen ihres „Chefideologen"[119] mittrug, musste die innerparteiliche Diskussion erweisen. Mit seiner Position war Dahrendorf kein Einzelkämpfer. Jüngere Mitglieder, z. B. Werner Maihofer und Hans Friderichs, äußerten sich ähnlich. Nach Maihofer war das Individuum durch die Zwänge des Status quo eingeengt, der soziale Wandel hatte kein Äquivalent in der Veränderung der Rahmenbedingungen gefunden. Die FDP sei an dieser Stelle als Partei der Reformen gefordert. Auch stehe der Liberalismus im 20. Jahrhundert der Aufgabe gegenüber, den Freiheitsformeln des Grundgesetzes Leben einzuhauchen.[120] Ähnlich bekannte sich Friderichs zu liberalen Prinzipien, als er einen Ansatz zur Bestimmung einer Liberalismusdefinition mit der Forderung nach einer Politik verband, „die die Freiheitsrechte und Freiheitsträume [!] des Individuums einklagt und fortschreitend ausbaut, durch eine

---

[116] Er konstatierte, die „silent-fifties" seien vorbei. Die Erfolge der NPD, aber auch die Äußerungen der Studentenbewegung deuteten auf den Ausbruch neuer Dynamik hin. Vgl. Ralf Dahrendorf (Anm. 91), S. 68.
[117] Vgl. ders. (Anm. 112), S. 159.
[118] Vgl. ders. (Anm. 91), S. 138.
[119] Diesen Ausdruck wies Dahrendorf in einem Interview mit dem „Spiegel" zurück. Vgl. „Wollen sie Parteiführer werden?", in: Der Spiegel 22 (1968), H. 6, S. 32.
[120] Vgl. Werner Maihofer: Liberale Gesellschaftspolitik, in: Walter Scheel (Hrsg.): Perspektiven deutscher Politik, Düsseldorf/Köln 1969, S. 170-188.

Politik der Dezentralisierung staatlicher und gesellschaftlicher Macht, wie sie das Grundgesetz postuliert".[121]

Der Parteitag 1968 war trotz der Rede Dahrendorfs durch personelle Veränderungen geprägt. Inhaltliche Diskussionen traten in den Schatten.[122] Damit steckte die Partei in ihrem typischen strategischen Dilemma fest: ohne eine ausreichende Definition ihres liberalen Anspruchs fiel sie auf ihren Funktionsansatz zurück und wurde nicht als eigenständige Kraft wahrgenommen. Trat die Partei energisch nach vorn, drohte ein schmerzhafter Stimmenverlust. Hier waren die integrativen Fähigkeiten des neuen Vorsitzenden nach innen und außen gefragt.[123] Die Worte Friedrich Naumanns „die Logik, die Tatsachen, die werden dahin führen, daß die neue Bewegung des wachsenden Massenvolkes zusammengesetzt aus heutigem Liberalismus und Sozialdemokratie, im Laufe des nächsten Jahrhunderts unter dem Druck von Zentrum und Konservativen sich zusammenfindet: ihr habt den Staat nun lange genug geleitet, und wir haben (...) nun lange genug gelitten"[124] wiesen keinen eindeutigen Weg. Das Versprechen Flachs „Auch der revolutionärsten, ketzerischsten Meinung muß die liberale Partei ein etabliertes Forum bieten (...). Sie muß beweisen, daß das „System" auch in sich starke Reformkräfte birgt, daß es elastisch ist, auch revolutionären Drang zu ertragen und zur Wandlung zu nutzen"[125] war auf dem Parteitag nicht umgesetzt worden.

Der Schlüssel zur Stärkung des Selbstverständnisses, zur Belebung evolutionärer Veränderungen, war in der Erarbeitung eines neuen Grundsatzprogramms zu suchen. 1967 u.a. vom Landesverband Hamburg gefordert, musste Scheel 1968 entschuldigend bemerken, dass es nicht fertig sei.[126] Die ausgearbeitete Vorlage scheiterte an mangelnder Kompromissfähigkeit der Flügel. Mit dem „Totschlagsargument", es sei „sozialistisch", verschwand es in den Schubladen.[127]

Eine Partei, die auf evolutionär verlaufende Entwicklungen setzte und auf Utopien verzichtete, beschränkte sich auf Realpolitik jenseits der Ideologien. Die Gefahr, die

[121] Hans Friderichs: Politik für eine freie Gesellschaft, in: Walter Scheel (Anm. 120), S. 193.
[122] Vgl. Karsten Schröder/Wolfgang Vonhausen: Die Behandlung der Koalitionsfrage auf den Bundesparteitagen der FDP von 1967 bis 1969, in: Lothar Albertin (Anm. 28), S. 203/204.
[123] Vgl. Mathias Siekmeier (Anm. 110), S. 160.
[124] Zit. nach: Michael Haarscheidt: Das Splitting – ein wahltaktisches Medium der Liberalen?, in: APuZ (1973), H. 9, S. 37.
[125] Zit. nach: Daniel Koerfer (Anm. 33), S. 102.
[126] Vgl. Ulrich Josten (Anm. 34), S. 203/204.
[127] Vgl. Georg A. Kötteritzsch (Anm. 31), S. 409/410.

Joachim Fest als „Mangel an rechtfertigendem Lebenssinn"[128] beschrieb, betraf auch den parteipolitischen Liberalismus, der zwischen den Großparteien als Strandgut zu enden drohte. Solange der Mut oder die Rahmenbedingung zu einem umfassenden Wurf der Selbstdefinition fehlte, musste die FDP durch die wilden Ströme der Politik lavieren. Bestand die Chance, ein einendes Liberalismusverständnis zu schaffen? Der Ansatz Dahrendorfs, sein Appell an Mobilität, Individualität, Konkurrenz und Internationalität, besaß einen Nachteil: er war zu anspruchsvoll. Andererseits konnte die 1967 getroffene Aussage, der Liberalismus sei „die bewegende Kraft unserer Zeit", so allgemein sie gehalten war, von jeder Partei mitgetragen werden. Weder die abstrakte Grundlegung des Professors noch die allgemeine Definition des Aktionsprogramms erwiesen sich als tauglich. Mochten sich Veränderungen der gesellschaftlichen Struktur herausbilden, die innere Veränderung der FDP ging langsamer voran. Die personelle Kontinuität des wichtigsten Öffentlichkeitsmittels der FDP – der Bundestagsfraktion – war sichtbares Beispiel.[129] Auf der anderen Seite trat eine neue Generation an die Spitze der Partei. An die Seite Scheels traten mit Hans Friderichs, Hans-Dietrich Genscher, Wolfgang Mischnick und Karl-Herrmann Flach Politiker, die am 2. Weltkrieg nur als junge Leute teilgenommen hatten, die Vertreter des DJD hatten ihn als Kinder erlebt.

Die großen Erwartungen, die sich mit dem neuen Parteipräsidium[130] verbanden – Rubin bezeichnete es als ein „reformerisches", das „heiße Eisen nicht mehr wegschieben" würde[131] – waren kaum zu erfüllen. Um die FDP konsequent als liberale Partei darzustellen, hieß es, die Partei zu ideologisieren, wie es Scheel ausdrückte. Er forderte eine umfassende staats- und gesellschaftspolitische Ordnungsvorstellung.[132] Für ihn bestand die Hauptaufgabe darin, die FDP für die neuen sozialen Bewegungen zu öffnen, auch die APO nicht grundsätzlich auszuschließen.[133] Ohne Zweifel war dies eine staatspolitisch

---

[128] Vgl. FN. 13
[129] Vgl. Thomas Saalfeld: Parteisoldaten und Rebellen. Eine Untersuchung zur Geschlossenheit der Fraktionen im Deutschen Bundestag (1949-1990), Opladen 1995, S. 205.
[130] Von dem neuen Parteipräsidium erwartete die FDP eine Straffung ihrer Aktionsmöglichkeiten. Mitglieder dieses Kreises waren der Bundesvorsitzende, seine drei Stellvertreter, der Schatzmeister und der Bundesgeschäftsführer.
[131] Vgl. Hans Wolfgang Rubin: Die liberale Reformation, in: liberal 10 (1968), S. 81-83.
[132] Vgl. Walter Scheel: Opposition als Auftrag, in: liberal 9 (1967), S. 575-580.
[133] In seiner Parteitagsrede 1969 rief er der Jugend zu: „Ich kenne die Ungeduld der jungen Generation! Es ist das Vorrecht der Jugend zu drängen, zu fordern. Aber haben sie Geduld mit uns, die wir mit ihrem politischen Ungestüm nicht immer gewachsen sind, überzeugen sie uns!" Vgl. Rede Scheels auf dem

notwendige Entscheidung. Als Inhaber des Oppositionsmonopols fiel den Freien Demokraten diese Aufgabe zu, doch es erschwerte den inneren Verlauf der Neuorientierung. Die FDP wurde zur Partei der jungen Leute, bevor 1968/69 die SPD ihren Öffnungsprozess vollzog.[134] Mit dem Versuch der Integration – der schließlich misslang[135] – und der parlamentarischen Oppositionsarbeit war die kleine FDP ausgelastet. Veränderungen der inneren Struktur konnten erst im Anschluss folgen.

So blieb mit der neuen Führung die Entwicklung im Fluss. Der Aufruf Hans-Werner Prahls in „liberal", in der Bundesrepublik werde der Freiheitsbegriff allein synonym für die bürgerlich-kapitalistische Ordnung gesehen, weshalb der FDP die Aufgabe zufalle, diesen mit Inhalt zu füllen,[136] verhallte weitgehend ungehört. Die FDP verzichtete auf eine Liberalismusdefinition. Stattdessen beschränkte sie sich auf die Praxis des Liberalismus, betrieb Realpolitik und verzichtete auf Ideologisierung. Im Grund war dies konsequent: erstens schien eine innere Einigung nicht möglich und rief deshalb Spaltungsgefahr hervor, zweitens standen die nächsten Wahlen bevor und eine großangelegte Zukunftsdiskussion hätte den Blick auf das Nächstliegende verstellt. Drittens war die Zeit der Weltanschauungsparteien vorbei. So beschränkte sich der Parteitag 1969 auf die herausgearbeiteten Kompromisse, die Geschlossenheit sollte erhalten bleiben.[137] Die Diskussion über ein neues Grundsatzprogramm wurde verbannt. Die vorangegangenen Querelen um die Festsetzung der Listenplätze für die Bundestagswahl in Niedersachsen erinnerten ein weiteres Mal an die innere Labilität der FDP.[138]

Das Wahlprogramm entstand in einer Gemeinschaftsarbeit Dietrich Bahners, Hans-Dietrich Genschers und Ralf Dahrendorfs. Mit Genscher stand ein Vermittler zwischen dem konservativen Bahner und dem Reformer Dahrendorf. Der Proporz, der stets der Großen Koalition vorgeworfen wurde, war gesichert. In dem tagespolitischen Programm erfolgte keine Liberalismusdefinition. Zusammenfassend wurde festgehalten: „In der

---

Bundesparteitag der FDP 1969, in: Archiv der Gegenwart: Deutschland 1949-1999, Sankt Augustin 2000, S. 4837/4838.

[134] Vgl. Arnulf Baring (Anm. 31), S. 95.

[135] Zum Verhältnis zwischen FDP und Studentenbewegung: Vgl. Daniel Koerfer (Anm. 33), S. 75-84.

[136] Vgl. Hans-Werner Prahl: Liberale für die Freiheit, in: liberal 9 (1967), S. 417-420.

[137] Für Geschlossenheit plädierte sogar Rubin, der mit seiner Schrift „Stunde der Wahrheit" 1967 noch für Polarisierung gesorgt hatte. Vgl. Daniel Koerfer (Anm. 33), S. 148.

[138] In Niedersachsen hatte sich der Reformflügel bei der Festsetzung der Listenplätze vollständig durchgesetzt, weshalb drei Landtagsabgeordnete und vier Bezirksgeschäftsführer die FDP in Richtung CDU verließen.

Zeit der Weltraumfahrt genügen die alten Methoden nicht mehr. In den 70er Jahren werden nur die Staaten erfolgreich bestehen können, die die notwendigen Veränderungen für die Welt von morgen meistern. (...) Das Konzept der F.D.P. ist eine Politik vernünftiger und entschlossener Veränderung."[139] Das war ihre Beschreibung des parteipolitischen Liberalismus: evolutionäre Veränderung. Das Programm beschränkte sich in seinen Sachaussagen auf Fragen der Rechts-, Bildungs-, Wirtschafts- und Deutschland-/Außenpolitik, auf die Kernthemen der FDP. Mit einer Ausnahme, der Forderung nach Stärkung des direkten Einflusses des Wahlbürgers auf die Politik,[140] waren keine radikalliberalen Ansätze vorhanden. Die FDP verzichtete in der Schrift explizit auf den Terminus „liberal".[141] Der umschriebene Liberalismus wurde mit Veränderungsbereitschaft gleichgesetzt. Damit erinnerte das Programm an die Aussagen Dahrendorfs, wenn der beiden Großparteien Stagnation vorwarf.

Die Gleichsetzung des Liberalismus mit Reformismus erschien wenig überzeugend. Die Aussagen vor der Wahl 1969 blieben vage. Die abzuschneidenden „Zöpfe" wurden nicht definiert. So war in einer Anzeige in der „Zeit" zu lesen: „Schluß mit den alten Zöpfen, sagt Walter Scheel. Er war schon immer gegen die alten Zöpfe, gegen die falschen Töne. Walter Scheel überredet nicht. Walter Scheel überzeugt."[142] Statt festzuhalten, wo Reform nötig sei, setzte die Werbung die FDP mit Scheel gleich.

War die Ausarbeitung eines eigenständig liberalen Profils zwischen 1966 und 1969 möglich? Es handelte sich um eine sehr kurze Zeitspanne. Der Gang in die Opposition fand zwar drei Jahre vor dem Wahlgang 1969 statt, doch zieht man das letzte Jahr als kampagnendominiert ab, blieben kaum 24 Monate für die Ausarbeitung von Grundsätzen der Partei. Vergleicht man dies mit der Zeit, die die SPD auf dem Weg zum „Godesberger Programm" in Anspruch nahm, wird der enge zeitliche Rahmen sichtbar.

Der innere Konflikt in der FDP blieb evident. Die Nationalliberalen, selbst wenn sie sich wie Mende auf dem strategischen Rückzug befanden,[143] konkurrierten mit den Re-

[139] Praktische Politik für Deutschland – Das Konzept der F.D.P. (Anm. 20), S. 117.
[140] So forderte die FDP die Einführung der Direktwahl des Bundespräsidenten.
[141] Vgl. Lothar Döhn: Liberalismus als kategorialer Rahmen für die FDP, in: Lothar Albertin (Anm. 28), S. 270.
[142] Zit. nach: Daniel Koerfer (Anm. 33), S. 147.
[143] Vgl. Volkmar Hoffmann: Kreis um Mende ist klein geworden – Der ehemalige FDP-Vorsitzende verliert zunehmend an Einfluß, in: Frankfurter Rundschau vom 1. 7. 1968. Zit. nach: Ossip K. Flechtheim (Anm. 21), Bd. 6/1, S. 430.

formern, die Anhänger einer eigenständigen Positionierung rangen mit den Vertretern des Funktionsansatzes. Die anspruchsvollen Thesen Dahrendorfs konnten Renommee sammeln, wirkliche Antworten auf die drängende Frage nach einer Zukunft der FDP brachten sie nicht. In erster Linie war die Partei durch aktuelle Probleme – wie die Wahlrechtsfrage – gefordert. Der Poppersche Skeptizismus dürfte hier Pate gestanden haben, lieber den Spatz „Existenzsicherung" (vielleicht verbunden mit einer Regierungsbeteiligung) in der Hand, als die Taube „Theoretische Reformmodelle" auf dem nicht zu erreichendem Dach.

Die Ausprägung des Liberalismus als konstitutiver Faktor für Selbstverständnis und öffentliches Bild der FDP gelang nicht, da das gleichseitige Dreieck mit den Eckpunkten Freiheit, Ordnung und Gleichheit eine Fiktion blieb. Ist ein durchgängig ausgearbeiteter Liberalismusansatz für die Phase nicht nachweisbar, waren doch Tendenzen auf dem Weg zu den „Freiburger Thesen" ersichtlich. Dahrendorfs Internationalismusprinzip und die pro-europäische Einstellung Scheels,[144] aber auch Ideen eines sozialen Liberalismus wiesen auf die wachsende Neigung, sich von dem national und wirtschaftspolitisch geprägten Freiheitsansatz der Vergangenheit zu emanzipieren. Personalpolitische Kontinuität und Heterogenität[145] der Partei bremsten diese Entwicklung. Der Knackpunkt für das Ausbleiben einer umfassenden Neuformierung war in den Querelen um den Parteivorsitz zu suchen. Wirkte zunächst die Diskussion lähmend, so blockierte sich der Parteitag 1968 selbst, als er sich in erster Linie mit Personalfragen beschäftigte und die Thesen Dahrendorfs verhallten. So blieb die Veränderung an einigen öffentlichkeitswirksamen Punkten stehen: er Schwarzen Adler verschwand aus dem Parteiemblem und zwischen den Buchstaben des Parteikürzels fanden sich Pünktchen.[146]

---

[144] Diese Position drückte Scheel auch in der sogenannten „Hochland"-Debatte aus. Den „Provisoriumscharakter" der Bundesrepublik definierte er nicht im Blick auf die deutsche Frage. Stattdessen schrieb er: „Wir müssen lernen, in der Bundesrepublik Deutschland im Hinblick auf Europa ein Provisorium zu sehen." Zit. nach: Heinrich-August Winkler: Der lange Weg nach Westen. Bd. 2: Vom „Dritten Reich" bis zur Wiedervereinigung, München 2000, S. 245.

[145] Auf die weitgehende Autonomie der Landesverbände verweist Hartmut Ullrich, der der Bundespartei bis 1969 nur die Dachfunktion über unabhängigen Gliederungen zuschreibt. Vgl. ders.: Die Rolle von Bundestagsfraktion und Außerparlamentarischen Parteigremien in der politischen Willensbildung der FDP, in: PVS 8 (1967), S. 106/107.

[146] Dieser Schritt erfolgte auf Empfehlung einer Marketingfirma, die der FDP zu einem neuen moderneren Image verhelfen sollte. Andere Vorschläge der Agentur, Verzicht auf den Terminus liberal (!) und die Änderung der Parteifarben von blau-gelb in orange wurden nicht vollzogen. Vgl. Rolf Breitenstein: Der Schwarze Adler der FDP muß Federn lassen, in: Frankfurter Rundschau vom 8. 6. 1968. Zit. nach: Ossip K. Flechtheim (Anm. 21), Bd. 6/1, S. 427.

Konnte die FDP keine ideologische Erklärung finden, mit der sie sich von der Regierung abhob, so boten sich verschiedene Felder der Sachpolitik an. Die Zusammenarbeit zweier Parteien eröffnet für die Opposition die Möglichkeit, die Widersprüche der Koalitionäre auszunutzen. Sie ist nicht an mühsam ausgearbeitete Kompromissprogramme gebunden, sondern kann ihre Position unabhängig vertreten.

4. Die Programmatische Entwicklung der FDP zwischen 1966 und 1969

4.1. Ost- und Deutschlandpolitik

Anfang der siebziger Jahre warfen Kritiker der FDP vor, sie habe mit ihren vorherigen deutschlandpolitischen Konzeptionen gebrochen. Wolfgang Mischnick, langjähriger Fraktionsvorsitzender der FDP im Bundestag, wies das 1980 zurück, als er feststellte, in der FDP gäbe es „eine deutschlandpolitische Kontinuität, die sich von den Vorschlägen Pfleiderers über den Grundlagenvertrag bis hin zu den Entscheidungen der Gegenwart fortsetzt".[147] Ob diese Aussage verifiziert werden kann oder ob es in der zweiten Hälfte der sechziger Jahre zu veritablen Veränderungen der Programmatik kam, ist zu prüfen.

Während der ersten Legislaturperiode des deutschen Bundestags trug die FDP die „Politik der Stärke" von Kanzler Adenauer mit.[148] Die Thesen Karl-Georg Pfleiderers, der sie bemängelte und auf sowjetische Sicherheitsinteressen verwies, lehnte der FDP-Bundesvorstand ab. Sein Konzept, ein wiedervereinigtes Deutschland als „Macht mit eigenen politischen Entscheidungen", das in „ein System, das zwischen Ost und West die Balance hält",[149] eingebettet sein müsse, gewann keine Mehrheit.

Die Niederlage bei der Bundestagswahl 1953 erwies sich als Signal für eine Distanzierung von der Außenpolitik Adenauers. Die FDP suchte nach eigenem Profil. In der Folge trat Pfleiderer, unterstützt vom Parteivorsitzenden Thomas Dehler, wiederholt für eine außenpolitische Kurskorrektur ein; die Westintegration sollte mit deutschlandpolitischen Initiativen der Siegermächte verbunden werden. Ziel war, die DDR über einen

---

[147] Vorwort Wolfgang Mischnick, in: Sebastian J. Glatzeder: Die Deutschlandpolitik der FDP in der Ära Adenauer. Konzeptionen in Entstehung und Praxis, Baden-Baden 1980, S. 5.
[148] Zur Deutschlandpolitik der FDP in der Frühphase der BRD, vgl. Wolfgang Schollwer (Anm. 37), S. 275-281.
[149] Zit. nach: Christof Brauers (Anm. 35), S. 56.

Handel aus dem sowjetischen Imperium herauszulösen.[150] Den Preis sah die FDP in einem „europäischen Sicherheitsbündnis unter Einschluß Rußlands und der Vereinigten Staaten von Nordamerika, denen im Rahmen dieses Paktsystems die Aufgabe der Erhaltung eines friedlichen Gleichgewichts zufiele".[151] Die FDP verzichtete auf das souveräne Entscheidungsrecht über die Bündniszugehörigkeit eines vereinigten Deutschland.

Die Forderung nach Wiedergewinnung der deutschen Einheit wurde durch den Anspruch auf die unter polnischer Verwaltung stehenden Ostgebiete erschwert. 1959 stellten die Liberalen dieses Gebot verklausuliert infrage. Der Absatz im FDP-Friedensvertragsentwurf deutete Verhandlungsbereitschaft an: „Die Grenzen Deutschlands im Osten müssen (...) so gezogen werden, daß nicht durch eine grobe Verletzung der Grundsätze der Gerechtigkeit und der Vernunft, die vom deutschen Volk aufrichtig gewünschte Versöhnung mit seinen Nachbarn im Osten in der Zukunft gefährdet wird".[152] Um die innerdeutsche Trennung zu überwinden, sollten im Auftrag der Siegermächte Vertreter beider Teile über Fragen verhandeln, die in innerer Zuständigkeit lagen. Die FDP wollte sich an einen Tisch mit den Organen des Ulbricht-Regimes setzen. Weiterhin betrachteten sie die Hallstein-Doktrin als überholt und forderten die Aufnahme diplomatischer Beziehungen – ohne explizite Grenzanerkennung – mit den Staaten des Warschauer Pakts.[153]

Die FDP wich mit diesen Initiativen, aus der Opposition heraus, signifikant von der Haltung der CDU/CSU ab. Das Programm der FDP änderte sich 1961 kaum, doch bewies Mende schon vor der Wahl weitgehende Kompromissbereitschaft. Im NDR erklärte er: „Wir denken gar nicht daran, diese Vorschläge [den Deutschlandplan von 1959] in ihrer Gesamtheit als unabdingbare Voraussetzungen aufzustellen für eine Zusammenarbeit mit der CDU."[154] Letztlich gab die FDP in den Koalitionsverhandlungen nach. Die Grundbedingung der Union, die Fortsetzung der bisherigen Außenpolitik inklusive der Hallstein-Doktrin, wurde festgeschrieben. Vor dem Bundesvorstand verteidigte sich Mende: „Die Hallstein-Doktrin haben wir bewußt nicht angesprochen, weil man Dinge, die im Sterben sind, nicht noch durch besondere Heraushebung weiter am Leben erhalten

---

[150] Vgl. Wolfgang Schollwer (Anm. 37), S. 277.
[151] Berliner Programm der FDP (Anm. 54), S. 87.
[152] Grundrisse eines deutschen Friedensvertrages vom 27. Januar 1959 (Deutschlandplan), abgedruckt in: Peter Juling (Anm. 27), S. 159.
[153] Dies hatten FDP und SPD 1958 gemeinsam im Bundestag gefordert. Vgl. Hans-Peter Schwarz: Die Ära Adenauer. Epochenwechsel 1957-1963, Stuttgart 1983, S. 39.
[154] Zit. nach: Mathias Siekmeier (Anm. 36), S. 45.

soll."[155] War die Akzeptierung einer weiteren Kanzlerschaft Adenauers der personelle „Umfaller", stand ihr diese kampflose Kapitulation nicht nach. Auch in der Frage der Wiedervereinigungspolitik erzielte die FDP nur ein ambivalentes Ergebnis: Im Koalitionsvertrag war zu lesen, dass das Einheitsstreben gleichberechtigt neben der westlichen Sicherheitspolitik stehen solle,[156] in der Regierungserklärung bekannte sich Adenauer hingegen zur „Stärkung der NATO als (...) dringendste Aufgabe".[157]

Innenpolitisches Profilierungsstreben, aber besonders weltpolitische Veränderungen – die USA führten die Doktrin der „flexible response" ein[158] – fachten die Diskussion an. Wahrscheinlich im Auftrag Mendes arbeitete Wolfgang Schollwer, der neue Referent für Außen- und Deutschlandpolitik in der Bundesgeschäftsstelle, Anfang 1962 eine Denkschrift mit dem Titel „Verklammerung und Wiedervereinigung"[159] aus. Schollwer riet, den Status quo anzuerkennen, damit er später einer Wandlung unterzogen werden könne: „Gegenwärtig bestehen auf deutschem Boden tatsächlich zwei Regierungen und zwei völlig unterschiedliche politische Systeme, wobei es *zunächst* völlig unerheblich ist, ob das Zonenregime gegen die Mehrheit der Bevölkerung regiert oder nicht. (...) In der gegenwärtigen Entwicklung der deutschen und internationalen Politik aber ist es falsch, die Anerkennung eines zweiten Deutschlands mit einem Verzicht auf Wiedervereinigung gleichzusetzen."[160] Für den Kreml schloss er daraus: „Der vorgenannte Weg der Verklammerung führt auf jeden Fall zu keinem Gesichtsverlust der UdSSR."[161] Als Nahziel nannte er die Verhinderung weiterer Auseinanderstrebens. Mit der Verklammerung Deutschlands in einem europäischen Sicherheitssystem – in der Tradition Pfleiderers – sah Schollwer das sicherheitspolitische Gleichgewicht gesichert.

Mende mahnte im Bundesvorstand, man dürfe das Papier nicht in die Öffentlichkeit geraten lassen.[162] Die Position der FDP blieb umstritten: Weder die Thomas Dehler folgenden Gesinnungsethiker, noch die vorsichtigen Reformer um Mende, noch die

---

[155] Zit. nach: Ebd. S. 74/75.
[156] Dies, von der FDP als Erfolg gewertet, bedeutete bereits ein Abrücken von der Aussage des „Berliner Programms": „Die friedliche Wiedervereinigung (...) ist unser oberstes Ziel." Vgl. Berliner Programm der FDP (Anm. 54), S. 87.
[157] Zit. nach: Regierungserklärung Adenauers, in: AdG (Anm. 133), S. 2964.
[158] Vgl. Henry Kissinger: Was wird aus der westlichen Allianz?, Wien/Düsseldorf 1965, S. 112-152.
[159] Vgl. Denkschrift von Wolfgang Schollwer zur deutschen Frage: Verklammerung und Wiedervereinigung, in: DDP, IV. Reihe, Bd. 8 (1962), S. 376-389.
[160] Ebd. S. 385/386. (Hervorhebung vom Verfasser)
[161] Ebd. S. 386.

Leute um Schollwer konnten sich durchsetzen. Traten Mende und Dehler im Gegenzug zu Schollwer für den Primat der Wiedervereinigungspolitik ein,[163] plädierte dieser für die Kopplung der deutschen Frage an den Entspannungsprozess. Indirekt stützte ihn dabei Minister Scheel, der mangelnde internationale Unterstützung zum Einheitsbestreben der Deutschen damit begründete, „weil es unseren westlichen Verbündeten nicht in den Kram paßt."[164] Trotz des Dissenses flossen Teile des Konzepts Schollwers zunehmend in die Reden der Parteispitzen ein.[165]

Nachdem sich im Sommer 1966 das Ende der Regierung Erhard abzeichnete, ging die FDP auf Konfrontationskurs zum Koalitionspartner, um nicht, wie es Hans-Dietrich Genscher ausdrückte, in Gefahr zu geraten, gemeinsam mit dem Kanzler „in die Ecke gestellt zu werden."[166] Ein Feld zur Profilierung bot die Ost- und Deutschlandpolitik. Genscher erklärte Anfang September 1966 in Stuttgart: „Die Bundesrepublik darf nicht Hemmschuh sein, sondern sie muß zu ihren Vorreitern [im Prozess der Überwindung der europäischen Teilung] gehören, wenn sie daraus Vorteile für die deutsche Frage ziehen will."[167] Er stellte Frieden, Freiheit und Einheit auf eine Stufe. Diese Ziele mussten gemeinsam erreicht werden. Als Mittel sah Genscher eine europäische Sicherheitskonferenz an, da sie „im Augenblick als das einzige internationale Gremium [erscheint], das sich auch mit der deutschen Frage beschäftigen könnte."[168] Die Schritte zur Einheit sollten nicht weiter allein den Siegermächten überlassen bleiben. Die Vorstellung eines monolithischen Ostblocks wurde von ihm abgelehnt, als er weiter ausführte: „Eine westliche Deutschlandpolitik, die noch immer davon ausgeht, der Schlüssel zur Lösung der deutschen Frage liege in Moskau, ist zutiefst rückschrittlich."[169] Mit dieser Rede rief der Fraktionsgeschäftsführer auf, sich von Statusfragen zu trennen und geduldig spätere Entwicklungen abzuwarten. Die bundesdeutsche Öffentlichkeit solle auf die Wirkung des

---

[162] Vgl. Mathias Siekmeier (Anm. 36), S. 122.
[163] Dafür unterschieden sich Mende und Dehler in der Durchsetzung ihrer Politik. Dehler verzichtete auf Kompromisse, für ihn hatte Politik die Aufgabe, das Unmögliche möglich zu machen. Mende verfolgte eine pragmatischere Linie.
[164] Zit. nach: Mathias Siekmeier (Anm. 36), S. 146.
[165] Vgl. Wolfgang Schollwer (Anm. 37), S. 280.
[166] Zit. nach: Mathias Siekmeier (Anm. 36), S. 275.
[167] Rede Genschers vor der „Liberalen Gesellschaft", in: DDP IV. Reihe, Bd. 12 (1966), S. 1304-1313, hier S. 1304.
[168] Ebd. S. 1307.
[169] Ebd. S. 1308.

überlegenen Gesellschaftssystems vertrauen.[170] Die Sicherheitsfrage wurde neben der üblichen Forderung nach einem europäischen Verteidigungssystem mit der Festigung des Bündnisses mit den USA und einer Stärkung der konventionellen Kräfte der Bundeswehr beantwortet. Zwar könne dies eine kontinentale Lösung nicht ersetzen, doch der Erfolg der „Bemühungen um ein größeres Europa ohne Gefährdung unserer Freiheit [ist] nur mit den USA möglich".[171] Gleichgewichtspolitik wurde über Verhandlungen mit den Staaten des Ostblocks, eingerahmt durch den Ausbau der Verteidigungsfähigkeit, angestrebt. Eine Lösung der deutschen Frage sah Genscher im Rahmen eines europäischen Einigungsprozesses.

Nach dem Bruch der Koalition wurde Schollwer mit der Ausarbeitung eines deutschlandpolitischen Programms für die Konsultationen mit SPD und Union beauftragt. Dieser – die Situation nutzend – schrieb einen Forderungskatalog, der auch der eigenen Partei einiges abverlangte. Neben den bereits in seinem Papier 1962 getroffenen Aussagen – der Westen folge der bundesdeutschen Politik zunehmend nur noch widerwillig und die Spaltung vertiefe sich mit der verfolgten Abgrenzung – forderte er die „Aufgabe der Rückstellungsklausel in der Grenzfrage" und innerdeutsche Verhandlungen „mit oder ohne Auftrag der Vier Mächte".[172] Um der FDP eine Neuauflage der alten Koalition offen zu halten, entschärften Genscher, Weyer und Scheel die Arbeit Schollwers. Die grundsätzliche Nähe zum Acht-Punkte-Programm der SPD[173] blieb aber erhalten.

Wenige Tage später verabschiedete der Wehrpolitische Kongress der Liberalen ein neues verteidigungspolitisches Konzept. Zugunsten der konventionellen Rüstung forderte er den Verzicht jeder direkten oder indirekten Beteiligung an Nuklearwaffen, die Bundeswehr sollte gestrafft und effektiver werden.[174] Die Umsetzung des Papiers zielte auf eine Verhinderung der drohenden Entkopplung zwischen internationaler Détente und deutscher Frage. Genschers Forderung erreichte ihr erstes Ergebnis. Waren die Aussagen mit dem Programm der SPD kompatibel,[175] misslang die Regierungsbildung trotz allem.

Der Gang in die Opposition begann mit einem „Ritterschlag" durch den neuen Kanzler Kiesinger. Nach Jahren schmerzhafter Kompromisse der FDP erklärte der Regierungs-

---

[170] Vgl. ebd. S. 1312.
[171] Ebd. S. 1304.
[172] Zit. nach: Mathias Siekmeier (Anm. 36), S. 295/296.
[173] Vgl. Acht-Punkte-Programm der SPD, in: AdG (Anm. 133), S. 4133-4136.
[174] Vgl. Andreas Kramer (Anm. 38), S. 51-53.

chef vor dem CDU-Bundesvorstand: „Beide Partner [gemeint sind SPD und FDP] haben verlangt, daß diplomatische Beziehungen mit Ländern des Ostens, um nicht zu sagen des Ostblocks, aufgenommen würden. (...) Die FDP hat stärker in diesem Punkt gedrängt als die SPD."[176] Dessen ungeachtet krankten die Liberalen an einem fehlenden stimmigen Gesamtkonzept. Forderungen nach der Aufnahme diplomatischer Beziehungen einerseits, andererseits die fehlende Bereitschaft zur Grenzanerkennung waren kaum in Einklang zu bringen. Die Profilierung gegenüber der Koalition verkomplizierte sich, als Kiesinger in der Regierungserklärung davon sprach, dass „Deutschland (...) die Brücke zwischen Ost und West [gewesen sei]".[177] Diesen Worten folgte der Aufruf: „Es liegt uns darum daran, das Verhältnis zu unseren östlichen Nachbarn, die denselben Wunsch haben (...) zu verbessern und, wo dies nach den Umständen möglich ist, auch diplomatische Beziehungen aufzunehmen".[178] Das entsprach der Haltung der FDP und erschwerte die Darstellung als ostpolitische Alternative.

Um das Profil der FDP zu schärfen, beauftragte die Parteispitze die Referenten der verschiedenen Fachbereiche zur Ausarbeitung neuer Programmentwürfe. Für den ost- und deutschlandpolitischen Part zeichnete erneut Wolfgang Schollwer verantwortlich. Der knüpfte an seine bisherigen Positionen an: Die internationale Annäherung basiere auf einer „stillschweigenden Hinnahme des Status quo in Europa und Deutschland".[179] Schollwer folgerte: „Eine europäische Friedensordnung setzt nicht unbedingt den Zusammenschluß getrennter Volksteile (...) voraus."[180] Ost und West seien in Übereinstimmung, dass die Bundesrepublik diplomatische Beziehungen zu den Staaten des Ostens aufnehmen, die Hallstein-Doktrin fallengelassen und die gegenwärtigen Grenzen nicht geändert werden sollten.[181] Einen Schritt weiter ging er mit der Bemerkung „In der DDR wächst ungeachtet der Ablehnung stalinistischer Methoden der SED-Führung ein Selbst- oder doch zumindest Sonderbewußtsein heran, ein Solidaritätsgefühl gegen die Bundesrepublik, von der man sich im Stich gelassen und vor allem nicht verstanden

---

[175] Vgl. ebd. S. 53.
[176] Zit. nach: Mathias Siekmeier (Anm. 36), S. 301.
[177] Regierungserklärung Kiesingers am 13. 12. 1966, in: DDP V. Reihe, Bd. 1 (1966/67), S. 56-62, hier S. 57.
[178] Ebd.
[179] Deutschland- und Außenpolitik – Material zur Klausurtagung des Bundesvorstands der FDP, vorgelegt von Wolfgang Schollwer, in: DDP V. Reihe, Bd. 1 (1966/67), S. 193-201, hier S. 196.
[180] Ebd. S. 198.
[181] Vgl. ebd. S. 196.

fühlt."[182] Drei Aufgaben habe deshalb die Bundesrepublik, und hier gerade die FDP, im innenpolitischen Bereich für die Verklammerung beider Teile zu erfüllen:[183]

- Schaffung einer offenen Gesellschaft in der BRD, die Anziehungskraft auf die DDR ausüben kann

- Sammlung aller „radikaldemokratischen" Kräfte, um als Alternative zur Regierungskoalition ein Gegengewicht zu den aufkommenden rechtskonservativen Strömungen zu bilden

- Zusammenarbeit – auch in Koalitionen – zwischen Parteien, die zur Revidierung der überholten deutschlandpolitischen Positionen bereit sind

Mit diesen Ausführungen stand der Autor in Kontinuität zur Rede Genschers. Auch der Fraktionsgeschäftsführer hatte die von Schollwer geforderte Abwandlung der „Magnettheorie" – auch wenn der Begriff nicht explizit genannt wurde – in einen „Wandel durch Annäherung" angedacht. Die Bundesrepublik sollte eine „selbstbewußte gesamtdeutsche Offensive im Vertrauen auf die *Überlegenheit unseres Gesellschaftssystems*"[184] führen. Dafür hatte die Bundesrepublik ihre Überlegenheit erst zu beweisen.[185]

Im letzten Teil seines Papiers fasste Schollwer seine Folgerungen zusammen. Dabei ging er mit der Partei hart ins Gericht: „Die FDP, die sowohl den Alleinvertretungsanspruch der Bundesregierung als auch deren Rückstellungsklausel in der Grenzfrage unterstützte und die den deutschen Nationalstaat mehr als andere Parteien all die Jahre hindurch als Hauptziel deutscher Politik proklamierte, hat im Grunde nicht viel weniger Abstriche von ihrer bisherigen Deutschlandpolitik zu machen als beispielsweise die CDU/CSU. Weder das Berliner Programm noch unser Deutschlandplan von 1959 können uns heute noch für unsere Deutschlandpolitik die notwendigen zeitgemäßen Antworten geben".[186] Kurz gesagt, aus Schollwers Sicht stand die FDP in der Ost- und Deutschlandpolitik am Nullpunkt.

---

[182] Ebd. S. 197.

[183] Vgl. ebd. S. 199.

[184] Rede Genschers vor der „Liberalen Gesellschaft" (Anm. 167), S. 1312. (Hervorhebung vom Verfasser)

[185] Rubin klagte: „Immer deutlicher wird: Auch die Völker Mittel- und Osteuropas suchen Freiheit, Fortschritt und Sicherheit. Kann ihnen die Bundesrepublik in ihrer heutigen Verfassung Vorbild sein? Bisher hat sie weder die soziale Marktwirtschaft noch die offene Gesellschaft realisiert." Vgl. Hans Wolfgang Rubin: Opposition: Herausfordernde Alternative, in: liberal 9 (1967), S. 810.

[186] Deutschland- und Außenpolitik – Material zur Klausurtagung des Bundesvorstands der FDP, vorgelegt von Wolfgang Schollwer (Anm. 179), S. 200.

Übernahmen die Liberalen die Programmschrift des Referenten als offizielle Parteilinie, bedeutete dies einen radikalen Schwenk der deutschlandpolitischen Konzeption.
Eine Negierung nationalstaatlicher deutscher Politik, eine Negierung der Rückstellungsklausel in der Grenzfrage und eine Negierung des Alleinvertretungsanspruchs tauchten
in dieser Schärfe in keinem Programm der FDP auf. Bei der Behandlung des Schollwer-
Papiers vor dem Bundesvorstand bügelte es Mende mit der Begründung ab, „was gestern
richtig war, kann heute nicht falsch sein". Stattdessen werde sich die FDP „in der
Deutschland- und Außenpolitik (...) um ein Höchstmaß an Gemeinsamkeit [mit der Bun-
desregierung] bemühen".[187] Symptomatisch war, dass Mende die völkerrechtliche Anerkennung der DDR – die an keiner Stelle gefordert wurde – und eine Verzichtserklärung
in Sachen Oder-Neiße-Grenze mit der Begründung ablehnte: „Wir bekommen von Polen
nichts [dafür]".[188] Obwohl sich u.a. Walter Scheel und William Borm aufgeschlossener
zeigten, landete das Papier unter Verschluss und teilte somit das Schicksal seines Vor-
gängers von 1962. Die liberale Führungsspitze war in ihrer Mehrheit zu einer radikalen
Positionsverschiebung nicht bereit.

Das Wegschließen der Vorstellungen Schollwers verhinderte deren öffentliche Publikation nicht. Am 3. März erschien im „Stern" das Schollwer-Papier. Zwar wurde sofort
dementiert, wobei Mende log, der Bundesvorstand habe sich nicht mit dem Papier beschäftigt,[189] doch noch am gleichen Tag wurde der Parteivorsitzende widerlegt. Der Vorsitzende der Bundestagsfraktion Knut Freiherr von Kühlmann-Stumm erklärte, das Papier sei „vom Tisch gewischt"[190] worden. Die Glaubwürdigkeit Mendes nahm kurz vor
dem Parteitag Schaden. In der Sache machte die FDP aber einen geschlossenen Eindruck, da nur wenige liberale Spitzenpolitiker, wie Borm, das Schreiben verteidigen.[191]

Eine Woche später kam es für die FDP-Spitze noch ärger. Hans Wolfgang Rubin veröffentlichte – erneut im „Stern" – seine vorher schon in „liberal" gemachte Mahnung
„Die Stunde der Wahrheit". Inhaltlich auf einer Linie mit Schollwer[192] besaß diese Ver-

---

[187] Zit. nach: Mathias Siekmeier (Anm. 36), S. 312.

[188] Zit. nach: Ebd.

[189] Vgl. ebd. S. 314.

[190] Zit. nach: Ebd.

[191] Vgl. ebd.

[192] Wörtlich hieß es bei ihm: „Wer die Wiedervereinigung will, muß die Oder-Neiße-Grenze anerkennen
und die Existenz des anderen, kommunistischen Staates auf deutschem Boden mit allen unvermeidlichen
Konsequenzen zu Kenntnis nehmen. Wahr ist, daß die Wiedervereinigung nie ein Anschluß der DDR an
die Bundesrepublik sein wird." Zit. nach: Hans-Wolfgang Rubin (Anm. 78), S. 161/162. Wenig Tage

öffentlichung größere Sprengkraft. Sie stammte vom Bundesschatzmeister der FDP und konnte nicht als Meinung eines Außenseiters abgebügelt werden. „Hysterische Reaktionen"[193] in weiten Teilen der Parteiführung folgten. Willy Weyer sprach von einem „Dolchstoß in den Rücken der FDP"[194]. Mende selbst widersprach den Papieren inhaltlich nicht. Sein Hauptargument gegen Schollwer und Rubin ließ aufmerken: „Die FDP darf den Staatsbürger nicht am internen Denkprozeß teilnehmen lassen, sie muß ihn vom Endprodukt überzeugen."[195] Eine fragwürdige Einstellung für den Vorsitzenden einer liberalen Partei. Ostpolitischen Initiativen stand Mende nicht grundsätzlich feindlich gegenüber, aber zu den unangenehmen Konsequenzen – Anerkennung der DDR-Staatlichkeit und der polnischen Westgrenze – war er nicht bereit.

In der Eröffnungsrede auf dem Parteitag 1967 plädierte Mende für die Beibehaltung nationalstaatlicher Politik, denn „Europa wird vielmehr entstehen als Europa der Vaterländer. (...) Also auch der deutsche Einheitsstaat muß ein Baustein eines größeren Europas sein."[196] Wiedervereinigung und Entspannung verknüpfte er miteinander. Eine Anerkennung der Oder-Neiße-Grenze kam für ihn nur bei entsprechenden Gegenleistungen infrage. Schließlich galt: „Wer heute bereit ist, leichtfertig über ein Fünftel deutschen Bodens zu verfügen, wird morgen gezwungen werden, ebenso mit Westberlin zu verfügen und übermorgen mit der Bundesrepublik Deutschland".[197] Die Gegenposition wurde von Hildegard Hamm-Brücher vertreten, welche die gesamte Polemik vor dem Hintergrund sah, dass die FDP „einfach nicht vorbereitet [ist] auf ihre Rolle in der Opposition. Sie ist nur eingestellt auf den alten Trott zusammen mit der CDU".[198] In der Diskussion über die Anerkennung der Oder-Neiße-Grenze widersprach sie Mende mit den Worten: „Ich glaube aber aus den Gesprächen, die ich gerade jetzt wieder in Polen geführt habe, die Schlußfolgerung ziehen zu dürfen, daß uns der Verzicht oder das Akzeptieren dieser Grenzlinie etwas bringen wird, was mir als Deutscher außerordentlich wichtig ist: wieder Achtung und Vertrauen in der Welt zu finden. (...) Es wäre der erste,

---

später begründete Rubin diese Haltung in einem „Spiegel"-Interview mit den Worten „Die FDP muß sich gegenüber der etablierten Übermacht als Partei des Fortschritts verstehen." Vgl. „Soll die DDR anerkannt werden?", in: Der Spiegel 21 (1967), H. 14, S. 22.

[193] Daniel Koerfer (Anm. 33), S. 135
[194] Zit. nach: Mathias Siekmeier (Anm. 36), S. 316.
[195] Zit. nach: Erich wird gezwungen, in: Der Spiegel 21 (1967), H. 14, S. 21.
[196] Parteitagsrede Erich Mendes, in: AdG (Anm. 133), S. 4267-4269, hier S. 4268.
[197] Ebd. S. 4269.
[198] Zit. nach: Mathias Siekmeier (Anm. 36), S. 330.

gewiß entsagungsvolle Schritt zu versuchen, Verbündete im Osten für eine Wiedervereinigung unseres Vaterlandes zu finden."[199]

Ihre Rede fand an der Basis großen Beifall, eine mehrheitliche Zustimmung zu den Programmpunkten im Aktionsprogramm forderte daher die Suche nach einem Kompromiss,[200] die sogenannte „Concordienformel" Genschers. Am Telefon – der Fraktionsgeschäftsführer konnte wegen Krankheit nicht am Parteitag teilnehmen – schlug er vor, dass „eine mögliche Zusammenführung der getrennten Teile Deutschlands nicht an territorialen *Forderungen* scheitern darf".[201] Die Formulierung fand fast wörtlich Eingang in These 96 des Programms. Nun lautete der Satz: „Der Bundesparteitag (...) ist der Auffassung, daß eine mögliche Zusammenführung der getrennten Teile Deutschlands nicht an territorialen *Fragen* scheitern darf."[202] Das Ziel der Vereinigung wurde nicht aufgegeben, sondern stellte, ganz traditionell, das „oberste Ziel deutscher Politik"[203] dar. Die Entwicklung dahin müsse durch Unterstützung der Entspannung, gesamtdeutsche Kommissionen – ohne Anerkennung des DDR-Regimes – und Aufnahme diplomatischer Beziehungen zu den Staaten des Warschauer Pakts gepflastert sein.[204]

Diese Bekenntnisse stellten eine Verschiebung gegenüber dem gültigen Grundsatzprogramm von 1957 dar. Dessen realitätsferner Impetus „Die Heimkehr der Saar beweist, daß eine ausweglos erscheinende außenpolitische Lage durch eindrucksvolle Äußerungen des Volkswillens eine Wende erfahren kann"[205] wurde überwunden. Mochten die Worte von 1957 für das Saarland gegolten haben, in der DDR, oder den ehemals deutschen Ostgebieten, bestand keine Möglichkeit freier Meinungsäußerung. So wünschenswert weitreichende Lösungen erschienen, der Status quo in Europa allgemein, und zwischen den beiden deutschen Staaten im Besonderen, erzwang die Erkenntnis, dass erst „die Vielzahl von Teilannäherungen (...) in ihrer Gesamtheit eine vertrauensvolle Basis entstehen [lassen konnten], die als Ausgangspunkt für eine Konföderation beider

---

[199] Zit. nach: Ebd.
[200] Vgl. ebd. S. 330/331.
[201] Ebd. S. 341/342; Siekmeier meint, Genscher habe als Schöpfer der „Formel" den Ausdruck „Forderungen" vorgeschlagen. In seinen Memoiren erwähnt der Ex-Außenminister dies nicht. Vgl. Hans-Dietrich Genscher: Erinnerungen, Berlin 1999, S. 90. (Hervorhebung vom Verfasser)
[202] „Ziele des Fortschritts" – Aktionsprogramm der FDP 1967 (Anm. 19), S. 106. (Hervorhebung vom Verfasser)
[203] Ebd. S. 104.
[204] Vgl. ebd. S. 104-106.
[205] Berliner Programm der FDP (Anm. 54), S. 87.

Teilgebiete"[206] dienten. Die „Concordienformel" bildete eine tragfähige Basis für einen internen Kompromiss. Forderungen nach Aufgabe überholter Rechtspositionen wurden vorgenommen – indirekt deutete sich ein Verzicht auf die Ostgebiete an – zugleich verlosch die glimmende Hoffnung auf die Rückkehr nicht völlig. Die Labilität dieses Mittelwegs verdeutlichte der stellvertretende Parteivorsitzende Siegfried Zoglmann, der von einem Sieg gegen die Reformer sprach, da mit dieser Formel sogar die Sudeten, seine Heimat, nicht explizit verlorengegeben würden.[207]

Der Kurs der FDP hing von der Parteispitze ab. Die Basis drängte auf Reformen. Es war offen, ob die Führung nachgeben würde. Die Reformer, die eine Trennung zwischen Grenz- und Einheitsfrage anstrebten, hatten sich nicht durchsetzen können. Neben dieser Diskussion blieb der Konflikt über die Prioritäten virulent – Wiedervereinigungspolitik versus Entspannungspolitik. Letztere wurde in These 84 des Aktionsprogramms in den Dienst der Lösung der deutschen Frage gestellt,[208] war Mittel zur Erringung der Einheit.

Die Reaktion der Warschauer Paktstaaten auf die Aufnahme diplomatischer Beziehungen zwischen der Bundesrepublik und Rumänien versetzte Illusionen in den Reihen der FDP einen Schlag. Hatte Genscher im Vorjahr in Stuttgart auf heterogene Tendenzen im Ostblock hingewiesen, bewies die starre Haltung des Ostens, dass der Schlüssel zur Annäherung an die kommunistischen Staaten doch in Moskau lag.[209] Dafür gewann die FDP die Möglichkeit, der Bundesregierung die Verantwortung für unentschlossenes Handeln zuzuschieben – eine Chance für innenpolitische Profilierung.

In der folgenden Bundestagsdebatte blieb der erwartete Schlagabtausch aus. Scheel hielt sich zurück und Mende hielt eine „Ostpreußen-Vorlesung", wie Rainer Barzel spottete.[210] Einziger hörbarer Unterschied in den Reden zwischen den Koalitionären und der liberalen Opposition: Während die Ersteren von der „Sowjetisch besetzten Zone" sprachen, nutzten Letztere das kürzere DDR, wobei Mende auf das vorausgehende „sogenannte" nicht verzichtete.[211] Genscher begründete die Ablehnung des Terminus „SBZ" mit den Worten „gäbe es das, was mit dem Begriff „Sowjetische Besatzungszone"

[206] „Ziele des Fortschritts" – Aktionsprogramm der FDP 1967 (Anm. 19), S. 106.
[207] Vgl. Mathias Siekmeier (Anm. 36), S. 342.
[208] Vgl. „Ziele des Fortschritts" – Aktionsprogramm der FDP (Anm. 19), S. 104.
[209] Vgl. Klaus Hildebrandt (Anm. 63), S.328.
[210] Rede Mendes im Bundestag, in: DDP V. Reihe, Bd. 1 (1966/67), S. 1826-1834, Zwischenruf Rainer Barzels S. 1833.
[211] Vgl. Mathias Siekmeier (Anm. 36), S. 357.

ausgedrückt wird, heute noch, dann hätten wir als Adressaten unserer Deutschlandpolitik nur die Sowjetunion".[212] Zwar wandten sich maßgebliche Teile der Freien Demokraten gegen die bisherigen Thesen – Scheel definierte am 17. Oktober 1967 die Termini „Alleinvertretung" und „Nichtanerkennung" als Argumente des Kalten Kriegs[213] – doch eine geschlossene Kontrastierung der Regierungslinie gelang nicht.

Rückendeckung erhielt der Reformflügel der FDP durch den Harmel-Bericht. Neben dem Punkt fünf, der Verpflichtung zur Politik der Entspannung unter dem Schild militärischer Stärke, stach Punkt zwölf heraus. Dort versicherten die Außenminister der NATO-Länder: „Die Bündnispartner werden laufend politische Maßnahmen prüfen, die darauf gerichtet sind, eine gerechte und dauerhafte Ordnung in Europa zu erreichen, die Teilung Deutschlands zu überwinden und die europäische Sicherheit zu fördern."[214] Die Lösung der deutschen Frage wurde in den internationalen Kontext gestellt, eine nationale Beantwortung –indirekt – abgelehnt. Selbst gleichberechtigtes Nebeneinanderstellen deckte sich kaum mit den Thesen.

Das Hannoveraner Aktionsprogramm hatte die Entspannungspolitik in den Dienst der deutschen Frage gestellt. Dessen Inhalt war mit dem Harmel-Bericht relativiert worden. Der Parteitag 1968 eröffnete eine Möglichkeit, die FDP-Programmatik dem internationalen Umfeld anzupassen. Der neue Bundesvorsitzende Scheel bot eine Reihe europäischer Visionen. Er beschränkte sich dabei auf grundsätzliche Feststellungen, die aber über bisherige Positionen der Partei hinausgingen:[215]

- Vorrang der Entspannung gegenüber einer reinen Wiedervereinigungspolitik
- Entkopplung von Entspannung und deutscher Frage
- Deutsche Wiedervereinigung nur im europäischen Rahmen

Er zweifelte die Zukunft nationalstaatlicher Lösungen an: „Die Entwicklung geht über die Möglichkeiten von Nationalstaaten unseres europäischen Kalibers hinaus. (...) Die Teilung überwinden, das wäre also nicht als ein isolierter Prozeß zwischen Deutschland West und Deutschland Ost zu sehen, sondern als Teil eines Prozesses, die Teilung

---

[212] Rede Genschers im Bundestag, in: DDP V. Reihe, Bd. 1 (1966/67), S. 1834-1840, hier S. 1837.

[213] Clemens Heitmann: FDP und neue Ostpolitik: Zur Bedeutung der deutschlandpolitischen Vorstellungen der FDP von 1966 bis 1972, St. Augustin 1989, S. 69.

[214] Der Harmel-Bericht: Die künftigen Aufgaben der Allianz – Anhang zum Schlußkommunique der NATO-Ministertagung in Brüssel, in: Peter März (Bearb.): Dokumente zu Deutschland 1944-1994, 2. Aufl., München 2000, S. S. 126-128, hier: S.128.

[215] Vgl. Rede Scheels vor dem FDP-Parteitag, in: AdG (Anm. 133), S. 4486-4487.

Europas überhaupt zu überwinden."[216] Selbst wenn er sich auf fernliegende Visionen be-schränkte,[217] die Vertreter nationalstaatlicher Einigungspolitik um Mende erhielten einen schweren Schlag. Das öffentliche Echo blieb aber verhalten. Der neue Vorsitzende er-zeugte mit seinen Ausführungen kaum Eindruck gegenüber der rhetorisch geschliffe-neren Rede Dahrendorfs.

Im Unterschied zu Dahrendorf, der bereit war „die großen Tabus der deutschen Außen-politik (...): Hallstein-Doktrin, Oder-Neiße-Grenze, Anerkennung der DDR"[218] preiszu-geben, achtete Scheel, die innerparteilichen Kritiker an der Überwindung nationalstaat-licher Politik nicht zu reizen. Seine zögerliche Haltung bei der Ausarbeitung eines Grundsatzprogramms fand ihre Fortsetzung. Der schwer einschätzbare Parteivorsitzende versuchte, alle Teile der Partei einzubinden. Die Aufbruchstimmung fußte weniger auf inhaltlichen Signalen denn auf der brillanten Rede Dahrendorfs und dessen Diskussion am Rande des Treffens mit Rudi Dutschke. Ein Vertreter der „Establishments" setzte sich direkt mit einem Hauptvertreter der APO auseinander. Dies und die Wahl einer neuen Parteiführung setzte Zeichen.[219]

Neben einer programmatisch offenen Debatte befand sich die FDP in einer Strategie-diskussion. Die Landtagswahl am 30. April 1968 in Baden-Württemberg – die FDP trat gegen eine Große Koalition an – brachte für die Liberalen ein ambivalentes Ergebnis. Zwar stand ein Gewinn von 1,3 Prozentpunkten zu verzeichnen, aber Schlagzeilen mach-te der Erfolg der NPD und die Niederlage der SPD. Die „Zeit" konstatierte: „Seit dem Ergebnis von Stuttgart ist es klar, daß die Aussichten für einen wirklichen Regierungs-wechsel, eine Machtübernahme der SPD, auf Jahre hinaus geschwunden sind. Und nicht nur das: Auch die Aussichten auf eine linke Koalition sind dahin. (...) Die CDU-Herr-schaft, die in den Erhard-Jahren ins Wanken geraten war, ist auf lange Zeit wieder stabi-lisiert."[220] Das Ergebnis in einem der größten Bundesländer stach den Verantwortlichen in der Bundesgeschäftsstelle ins Auge. Eine Orientierung auf eine – von der „Zeit" als „links" bezeichnete – sozial-liberale Koalition barg kaum Erfolgsaussichten. Auf der anderen Seite hatte die FDP Stimmen gewonnen. Der Kurs der neuen Parteiführung war

---

[216] Ebd. S. 4487.
[217] Dies gab er selbst zu. Vgl. Walter Scheel: Deutschland und Europa, in: liberal 10 (1968), S. 334.
[218] Zit. nach: Christof Brauers (Anm. 35), S. 154; Vgl. ebenso: „Wollen Sie Parteiführer werden?" (Anm. 119), S. 32.
[219] Vgl. Christof Brauers (Anm. 35), S. 154.

bestätigt worden. Mende, der eine Niederlage prophezeit hatte, erschien blamiert und fand sich in die Defensive gedrängt.[221] Aus diesem Blickwinkel eignete sich Ostpolitik für eine Etablierung gegenüber beiden Volksparteien. Die Zustimmung zur Anerkennung der DDR stieg in der zweiten Hälfte der sechziger Jahre stetig.[222] Beinahe die Hälfte der Jungwähler sprach sich für die Bestätigung der Oder-Neiße-Grenze aus.[223]

Die Konkurrenten steckten in einem Dilemma: Während sich in der Union ohnehin kaum eine Mehrheit für einen Reformkurs finden ließ,[224] hatte sich die SPD noch vor den Liberalen mit Veränderungen der bisherigen Politik befasst. Die durch Passierscheinabkommen begonnene Politik der kleinen Schritte hatte in Sachfragen Erfolge hervorgerufen, die Zurückstellung von Statusfragen erwies sich als notwendig. Willy Brandt beabsichtigte diese Politik auf die bundesdeutsche Haltung insgesamt zu übertragen. Im Januar 1965 präferierte er vor dem SPD-Bundesvorstand direkte Zusammenarbeit, statt auf die Einheit zu warten.[225] Der Parteitag der SPD 1966 führte diese Position fort, als Brandt ein „qualifiziertes, geregeltes Nebeneinander"[226] forderte. Dabei handelte es sich „um einen Modus vivendi mit der beharrlichen Absicht zu weiteren positiven Lösungen".[227] Nun bildete die SPD einen Teil der Großen Koalition, eine Propagierung war erschwert.[228] Die Immobilität der Sozialdemokraten schuf eine Möglichkeit für die Liberalen, sich selbst als Alternative zu positionieren.[229]

Erwartungen auf Verhandlungsbereitschaft der osteuropäischen Staaten und der UdSSR wurden durch die Niederschlagung des „Prager Frühlings" im August 1968 gedämpft. Dies verdeutlichte, dass der Schlüssel zu jeder Verhandlungslösung in Moskau

---

[220] Zit. nach: AdG (Anm. 133), S. 4528.

[221] Vgl. Volkmar Hoffmann (Anm. 143), S. 430/431.

[222] Zwischen 1966 und Ende 1969 stiegen die Zustimmungswerte von 17 Prozent auf 30 Prozent. Vgl. Gebhard Schweigler: Nationalbewusstsein in der BRD und der DDR, Düsseldorf 1973, S. 122/123.

[223] 46 Prozent der Jungwähler votierten 1967 für die Anerkennung der Oder-Neiße-Grenze. Vgl. Was denken die Studenten, in: Der Spiegel 21 (1967), H. 26, S. 39.

[224] Christian Hacke: Weltmacht wider Willen?: Die Außenpolitik der Bundesrepublik Deutschland, akt. und erw. Neuauflage, Berlin 1997, S. 133.

[225] Vgl. Clemens Heitmann (Anm. 213), S. 36.

[226] Zit. nach: AdG (Anm. 133), S. 4020.

[227] Ebd.

[228] Vgl. Willy Brandt: Begegnungen und Einsichten. Die Jahre 1960-1975, München/Zürich 1978, S. 220; Egon Bahr: Zu meiner Zeit, München 1998, S. 212/213.

[229] Scheel charakterisierte diese Aufgabe gegenüber dem „Spiegel": „Wir müssen in der augenblicklichen Lage das politische Bewußtsein innerhalb der Koalitionsfraktionen wecken (...). Das gelingt uns dadurch, daß wir aussprechen, was sie selbst – festgelegt in einer mehr oder weniger präzisen Regierungs-

lag.[230] Trotzdem erklärte Genscher unverdrossen, dass die FDP ihre Politik nicht ändern müsse. Das stieß bei Mende auf Widerstand, da für den ehemaligen Parteivorsitzenden der Kommunismus sein Gesicht enthüllt hatte.[231] Die Bundestagsentschließung zu den Prager Ereignissen eignete sich, Eigenständigkeit herauszustreichen. So widersprach die Fraktion dem Alleinvertretungsanspruch und plädierte nur für eine Ablehnung der völkerrechtlichen, nicht der staatlichen Anerkennung der DDR.[232] Im Wissen, dass diese bei den Koalitionären umstritten war, bot sich die Ablehnung an, zwischen die Regierungspartner einen Keil zu treiben. Abgesehen von dieser Klausel widersprach die FDP der Vorlage nicht. Die Mehrheitsverhältnisse erzwangen keine Zustimmung der Liberalen, sie hatten Bewegungsfreiheit.

Um die Initiative zu behalten, wiederholte die FDP den Entwurf eines Generalvertrags mit der DDR, den der Landesverband Berlin bereits im Mai 1968 – vor den Prager Ereignissen – veröffentlicht hatte.[233] Die Freien Demokraten ließen ihrer Forderung nach westdeutscher Initiative Taten folgen. Als Inhalte ihres Konzepts präsentierte die Opposition Gewaltverzicht, paritätisch besetzte gesamtdeutsche Kommissionen und einen verklausulierten Verzicht auf den Alleinvertretungsanspruch.[234] Der im Januar 1969 im Bundestag eingebrachte Antrag wurde mit den Worten begründet: „Würde sich die DDR-Regierung weigern, über einen vernünftigen und sachgerechten Vertrag zwischen den beiden Teilen Deutschlands zu verhandeln, so hätte doch jedenfalls die Bundesrepublik ihren Friedens- und Verständigungswillen ein weiteres Mal überzeugend unter Beweis gestellt."[235] Die DDR könnte an den Pranger gestellt werden? Man gewinnt den Eindruck, nicht zuletzt prangerte die FDP die Politik der Bundesregierung an. Wenige

---

politik – nicht sagen können." Vgl. „Ich kann mich nicht mit Dutschke verbünden", in: Der Spiegel 22 (1968) H. 5, S. 28.

[230] Mit dem Vorwurf an die Bundesregierung „den Faktor Moskau bei ihren Bemühungen um Verständigung mit Staaten des Warschauer Pakts nicht immer in ausreichendem Maß berücksichtigt zu haben", widersprach Scheel auch der Stuttgarter Rede Genschers, der eine Einheitlichkeit des Ostblocks negierte. Vgl. Bundestagsrede Scheels am 25.09.1968, in: Boris Meissner (Hrsg.): Die deutsche Ostpolitik 1961-1970. Kontinuität und Wandel, Köln 1970, S. 293-297, hier S. 296.

[231] Vgl. Mathias Siekmeier (Anm. 36), S. 371.

[232] Entschließung des Deutschen Bundestags vom 25.09.1968, in: Boris Meissner (Anm. 230), S. 290-292.

[233] Vgl. Entschließung des Landesparteitags der Berliner FDP, in: liberal 10 (1968), S. 618-622.

[234] Art. 5 beinhaltete, dass in Ländern, mit dem momentan nur ein Land diplomatische Beziehungen pflegt (das waren fast alle Länder der Erde) der jeweilige Botschafter die Interessen beider deutscher Staaten vertreten solle. Vgl. ebd. S. 619.

[235] Zit. nach: Mathias Siekmeier (Anm. 36), S. 376.

Monate vor der Wahl wurde die Koalition mit diesem Vorstoß konfrontiert. Deren Zusammenhalt wurde auf die Probe gestellt. Kurz vor der Aussprache über den Entwurf – sie fand erst drei Monate nach Einbringung statt – signalisierte Herbert Wehner den Spitzen der FDP, dass die Sozialdemokraten „leider"[236] nicht zustimmen könnten. Neben den vor der Bundestagsentschließung 1968 aufgetretenen Differenzen zwischen SPD und Union wegen des Alleinvertretungsanspruchs rückte die Frage eines Vertrags mit der DDR in den Mittelpunkt. Der Antrag der FDP gewann erwartungsgemäß keine Mehrheit im Parlament, doch die Liberalen hatten ihre Reformbereitschaft gezeigt.

Vor der Bundestagsdebatte stand die Ausarbeitung eines Wahlprogramms auf dem Tableau. Als Basis bot sich das Hannoveraner Aktionsprogramm an. Scheel, der ein Zerreißen der FDP verhindern musste, rettete sich in der Oder-Neiße-Frage in eine Hilfskonstruktion: „Da wir den Alleinvertretungsanspruch, in internationalen Fragen für alle Deutschen zu sprechen, ausdrücklich ablehnen, können wir naturgemäß mit Polen nicht über eine Grenze reden, die die DDR – und nicht die Bundesrepublik – mit Polen hat."[237]

Der außenpolitische Part der „Nürnberger Wahlplattform" 1969 wurde unter den Titel „Deutsche Politik für eine europäische Friedensordnung" gestellt. Allein dies dokumentierte den Wandel in der FDP. An die Stelle des früheren nationalstaatlichen Einheitsprimats trat die Zielsetzung einer transnationalen Lösung. Die Position Mendes war innerparteilich nicht mehr mehrheitsfähig. Das Papier selbst begann mit Beschuldigungen an die Koalition: „Die leer gewordenen Formeln der deutschen Außenpolitik haben zur Unglaubwürdigkeit der Bundesregierung nach innen und außen beigetragen."[238] Das abwertende Wort Formeln – deren reale Bedeutungslosigkeit – bildete den Schlüssel zur Argumentationskette der Liberalen. Vier Ziele präsentierte die FDP:[239]

- Gegenseitiger Gewaltverzicht und Beitritt zum Atomwaffensperrvertrag, um ein europäisches Sicherheitssystem zu fördern
- Aufgabe des Alleinvertretungsanspruchs und der Hallstein-Doktrin
- Verhandlungen mit der DDR und anderen Warschauer Pakt-Staaten
- Verbesserung der Lage Gesamteuropas in der Weltpolitik

---

[236] Arnulf Baring (Anm. 30), S. 228.
[237] Zit. nach: Mathias Siekmeier (Anm. 36) S. 401/402.
[238] Praktische Politik für Deutschland – Das Konzept der F.D.P. (Anm. 20), S. 115.
[239] Vgl. ebd.

Der angestrebte Vertrag mit der DDR – ohne Anführungszeichen geschrieben – zielte auf einen „Beitrag zur Überwindung der Trennung in Deutschland und zugleich einer europäischen Friedensordnung".[240] Die „Überwindung der Trennung", der Begriff „Wiedervereinigung" fiel nicht, blieb unbestimmt. Der Ausdruck „Verklammerung" tauchte in der Schrift nicht auf, doch die Formulierungen erinnerten an ihn. Statt eines kurzfristig illusionären Einheitsstrebens befürwortete die FDP eine Verhinderung weiteren Auseinanderdriftens beider deutscher Staaten.[241] Das war eine deutliche Veränderung gegenüber dem Aktionsprogramm von Hannover.[242] Der DDR wurde Staatlichkeit zuerkannt, eine Voraussetzung für gleichberechtigte Verhandlungen.[243] Die Lösung der deutschen Frage sahen die Liberalen in der Vereinigung Europas.

Im Mittelpunkt stand die Schaffung des europäischen Sicherheitssystems; der „Eiserne Vorhang" zwischen Ost und West sollte überwunden, die Blockkonfrontation beendet werden. Dabei gab sich die FDP keinen Illusionen hin. Eine Ausgangsbedingung sahen sie in militärischer Stärke.[244] Damit stand das FDP-Programm in Kontinuität zum Harmel-Bericht, aber auch der Hannoveraner Thesen.[245] Eine genaue Beschreibung des Fernziels, dem europäischen Sicherheitssystem, nahm die FDP in ihrem Programm nicht vor, verdeutlichte jedoch, dass es ohne die Siegermächte nicht denkbar sei.[246]

Zwei Fragen blieben: Die Zukunft West-Berlins und der Status der deutschen Grenzen. Während sich der erste Punkt einfach lösen ließ, der westliche Teil der ehemaligen Reichshauptstadt sollte eng an das Bundesgebiet gebunden werden, blieb die Grenzfrage offen. Als Kompromiss einigten sich die Autoren des Wahlprogramms auf die Aussage „Eine (...) europäische Friedensordnung (...) darf nicht an territorialen Fragen scheitern."[247] Angelehnt an die „Concordienformel" sollte die Grenzfrage

---

[240] Ebd. S. 116.
[241] Sichtbar wurde dies bei Rubin in dessen schnörkellosen Satz: „Ohne Vereinigung Europas wird es keine Vereinigung – in welcher Form auch immer – Deutschlands geben." Vgl. Hans Wolfgang Rubin (Anm. 185), S. 811.
[242] Damals lautete der erste Satz im Kap. Außen- und Deutschlandpolitik: „Oberstes Ziel deutscher Politik ist die friedliche Vereinigung der Deutschen in freiheitlicher demokratischer Ordnung." Vgl. „Ziele des Fortschritts" – Aktionsprogramm der FDP (Anm. 19), S. 104.
[243] Vgl. Praktische Politik für Deutschland – Das Konzept der F.D.P. (Anm. 20), S. 115.
[244] „Die Bundeswehr braucht eine moderne konventionelle Lösung." Vgl. ebd. S. 116.
[245] In These 85 des Aktionsprogramms von 1967 war festgehalten: „Das Ziel der Entspannungspolitik ist die Schaffung einer europäischen Friedensordnung in einem sicherheitsmäßig kontrollierten Gleichgewicht." Vgl. „Ziele des Fortschritts" – Aktionsprogramm der FDP (Anm. 19), S. 104.
[246] Praktische Politik für Deutschland – Das Konzept der F.D.P. (Anm. 20), S. 117.
[247] Ebd. S. 116.

gesamteuropäischen Lösungen nicht im Weg stehen. Ohne Wiedervereinigung beschränkte sich die Grenzdiskussion auf einen akademischen Formelstreit. Die Aussage Scheels gewann an Wert, dass die Bundesrepublik keine Grenze mit Polen habe. Die FDP fand ihre eigene Interpretation der Rückstellungsklausel. Erst wenn die Lösung der deutschen Frage spruchreif wurde, konnte eine endgültige Grenzklärung vorgenommen werden. Der Zielkonflikt, Aufnahme diplomatischer Beziehungen versus Unbestimmtheit der Grenzfrage, blieb ungelöst. Die liberale Interpretation der Rückstellungsklausel ermöglichte aber trotzdem die Aufnahme diplomatischer Beziehungen.

Der von Wolfgang Mischnick aufgestellten These, die außenpolitische Linie der FDP habe Kontinuität geprägt, kann nach einem Blick auf die Ost- und Deutschlandpolitik der Liberalen zwischen 1966 und 1969 nicht ohne weiteres beigepflichtet werden. Den nationalliberalen Politikansatz, bis zum Ende der Ära Mende in der Vorhand, hielt die FDP unter Walter Scheel nicht durch. Den Primat der Wiedervereinigungspolitik ersetzte eine gesamteuropäische Orientierung.

Ungeachtet der Umstände des Wechsels an der Parteispitze: Ein Vergleich der beiden Vorsitzenden deutete den Wandel der FDP an. Auf Erich Mende, in Oberschlesien geboren und in seinem Denken auf eine Rückkehr der verlorengegangenen Landesteile fokussiert, folgte der aus dem Bergischen Land stammende Walter Scheel. Dessen Haltung war alternativlos: Einerseits veränderte sich die internationale Situation, eine auf nationale Lösungen bauende Politik war in einer Phase der Blockkonfrontation und zusätzlicher Dissonanzen in der westlichen Allianz nicht praktikabel.[248] Andererseits hatte die FDP Alternativen zur Regierungskoalition anzubieten, wobei sich die Ost- und Deutschlandpolitik zur Profilierung eignete.

4.2. Bildungspolitik

Im Vorfeld der Bundestagswahl 1961 versprach die FDP: „Den Ausgaben für die Bildungsaufgaben gebührt der gleiche Rang wie den Ausgaben für militärische und soziale Sicherheit."[249] Weiterhin forderte die FDP seit 1951 die Übertragung der Rahmenkom-

---

[248] Vgl. Werner Link: Die Entstehung des Moskauer Vertrags im Lichte neuer Archivalien, in: VjhZg 49 (2001), S. 295-315.
[249] Zit. nach: Peter Juling (Anm. 27), S. 59.

petenz für Schulpolitik an den Bund, da höhere Ausgaben allein keine Lösung drängender struktureller Fragen bedeuteten. Föderalistische Auswüchse sollten verschnitten werden.[250] Spätestens die Artikelserie Georg Pichts brachte die Thematik auf die Agenda westdeutscher Politik. Der Autor prangerte das Schulwesen der Bundesrepublik an; ohne radikale Veränderungen befände sich die Bundesrepublik, so Picht, in wenigen Jahren in einer internationalen Randposition.[251]

In den Reihen der FDP trat insbesondere Hildegard Hamm-Brücher als Bildungspolitikerin hervor. Wiederholt forderte sie, die Schulen der Bundesrepublik zu reformieren. Sie warb für Offenheit und verglich 1965 die Aufgabe der FDP mit der Übernahme des „Herolds-Amts".[252] Den Liberalen fiele die Aufgabe zu, die deutsche „Fortschritts-Partei"[253] zu werden. Ihr Vorwurf galt dem Versagen gegenüber den Zukunftsfragen, die von den Politikern tabuisiert würden.[254] Den grundlegenden Fehler sah Hamm-Brücher darin, dass das Bildungssystem der Weimarer Republik mit ihren Konfessions- und damit Zwergschulen, mit starrer Gliederung der Schultypen und mangelhafter Anpassungsfähigkeit an die Zwänge der Gegenwart, restauriert worden sei.[255]

Sie forderte, statt der bisherigen überbrückenden Teillösungen – von ihr als Sabotage an der Jugend angegriffen – wirkliche Resultate zu suchen. Hamm-Brücher entwickelte einen Katalog einer erfolgreicheren Schulpolitik:[256]

- Informationsfluss an die Elternhäuser, um dort Bildungsmöglichkeiten aufzuzeigen
- Überwindung der Bildungsstarre, um die Schultypen durchgängiger zu machen
- Stärkung berufsbegleitender Bildung
- Wirksame politische Bildung zur Sicherung der Demokratie
- Schaffung von Freiräumen

Mit diesem Leitfaden sollte die Politik an Reformen arbeiten. Das Grundübel, die schulpolitische Kleinstaaterei, erzwang aus ihrer Sicht einen „bildungspolitischen

---

[250] Vgl. ebd. S. 57/58.
[251] Vgl. Georg Picht (Anm. 18), S. 17.
[252] Rede Hildegard Hamm-Brüchers vor dem FDP-Bundeskongress 1965, in: Dies. (Anm. 40), S. 219-229, hier S. 222.
[253] Ebd.
[254] Vgl. ebd.
[255] Rede Hildegard Hamm-Brüchers auf dem FDP-Bundesparteitag 1965, in: Dies. (Anm. 40), S. 208-219, hier S. 210/211.
[256] Vgl. ebd. S. 216/217.

Zollverein", der nach dem Vorbild des Wirtschaftsverbunds von 1834 eine Koordinierung der separaten Anstrengungen zu fördern habe.[257]

Worte einer Politikerin, die der FDP-Vorsitzende Erich Mende in seiner Auftaktrede des Parteitags 1967 als „Avantgardistin"[258] der Partei pries. Ihre Mahnung, mangelnde Bildungsmöglichkeiten verschlechterten die Wettbewerbschancen des Wirtschaftsstandorts Bundesrepublik,[259] fiel auf fruchtbaren Boden in der FDP. So verwundert es nicht, dass sich die Liberalen konsequent mit Reformen auseinander setzten.[260] Da Kultusfragen zu den Kompetenzen der Bundesländer gehören, blieben konkrete Sachaussagen selten. Auffällig beschränkte sich die Artikulation liberaler Positionen auf Äußerungen einzelner Experten.[261] Schulpolitik galt als Spielfeld der „Linken". Die Janusköpfigkeit der FDP zwang die „rechten" Wirtschaftspolitiker, deren Konzepte zur Wahrung des inneren Gleichgewichtes hinzunehmen.[262]

Ähnlich Hamm-Brücher äußerte sich Ralf Dahrendorf. Der Soziologe zielte in geringerem Maß auf den gesamtwirtschaftlichen Aspekt der Bildungsmisere. Für ihn stand die Stärkung des Individuums durch ein „Bürgerrecht auf Bildung" im Mittelpunkt.[263]

Die Bedeutung der Thematik für die FDP verdeutlichte ihre Hervorhebung im Aktionsprogramm 1967. Die Freidemokraten führten es vor Wirtschafts-, Sozial- und Deutschland-/Außenpolitik an. Sie verstanden Bildungspolitik als eine zentrale Frage der Oppositionszeit. Prägnant strichen sie fünf Prinzipien heraus:[264]

- Bildung ist Bürgerrecht
- Demokratie braucht Demokraten
- Freiheit braucht berufliche Mobilität
- Bildungspolitischer Fortschritt setzt Mobilität des Bildungswesens voraus
- Freiheit braucht unabhängige Wissenschaft

Die Prinzipien verknüpften Bildungsexperten der Partei zu einem einheitlichen Ganzen. Mit Ausnahme des letztgenannten Kriteriums, das sich nicht mit Schulpolitik

---

[257] Ebd. S. 212.
[258] Mathias Siekmeier (Anm. 36), S. 330/331.
[259] Hildegard Hamm-Brücher: Offener Brief, in: liberal 7 (1965), S. 418. Ebenso äußerte sich Peter Menke-Glückert. Vgl. ders.: Memorandum zur Bildungspolitik, in: liberal 8 (1966), S. 685.
[260] Vgl. Arthur Hearnden (Anm. 41), S. 157.
[261] Peter Menke-Glückert: Ideologieverdacht in Sachen Bildungspolitik, in: liberal 8 (1966), S. 131.
[262] Jürgen Dittberner: Die Freie Demokratische Partei, in: Richard Stöss (Anm. 68), S. 1334.
[263] Vgl. Ralf Dahrendorf (Anm. 39).
[264] Vgl. „Ziele des Fortschritts" – Aktionsprogramm der FDP (Anm. 19), S. 91.

verband, zielten die Übrigen auf eine Verbesserung der Ausbildung der Kinder und Jugendlichen. Die Maximen forderten konsequente Individualförderung.

Der erste Leitsatz, „Bildung ist Bürgerrecht", nahm wörtlich Bezug auf die These Ralf Dahrendorfs. Auch die Erläuterung, dem Einzelnen müsse die Möglichkeit gewährt werden, entsprechend seinen Neigungen und Fähigkeiten eine Ausbildung als Rüstzeug zu erhalten, entsprach dessen Impetus.[265] Eine auf selbstständige Entscheidungen des Einzelnen vertrauende Gesellschaft, erzwang die Förderung individueller Freiheit. Das zweite Prinzip schloss sich nahtlos an: „Demokratie braucht Demokraten". Mit der nötigen Bildung sah die FDP nicht nur wirtschaftliche Absicherung gegeben, sondern die Legitimität der demokratischen Ordnung verankert.

Eng verbanden sich die beiden weiteren Prinzipien, die „Mobilität" der Menschen und die „Mobilität" der Bildungseinrichtungen: „Das Bildungswesen darf nicht in Formen und Traditionen erstarren."[266] Alles sollte auf den Prüfstand, „um die erforderliche Dynamik zu gewährleisten, die das Reagieren auf neue Anforderungen erst erlaubt".[267] Das überkommene System zu reformieren, bevor es durch Versäumnisse substanziell geschwächt würde, sahen die Liberalen als dringend an. Der Begriff „Freiheit" wurde wiederholt aufgenommen.

Zur Gewinnung dieser Ziele erschien eine Stärkung der Bundeskompetenzen vonnöten. Die kultuspolitische Kleinstaaterei verhinderte aus freidemokratischer Sicht die Schaffung und Sicherung gleicher Lebenschancen. Die FDP forderte eine Planungsabteilung, die dem Wissenschaftsministerium untergeordnet werden sollte.[268] Hier begann die Konkretisierung des Programms. Allgemeine Formeln des „Chancenausgleichs" und der „Überwindung der Milieusperren" stellten die Ziellinie eines Marathonlaufs dar, der die Schaffung von Vorschuleinrichtungen, Gesamtschulen („differenzierte Leistungsschule (...), die das Bildungsangebot aller heute bestehenden Schulzweige (...) integriert")[269], Ganztagsschulen und Förderstufen. Dem einzelnen Schüler sollte ein „schulpsychologischer Dienst" zur Seite gestellt werden.[270] Offenheit prägte das FDP-Modell. Dabei kam die Leistungsevaluation nicht zu kurz, denn die Differenzierung gebot „Schulreife-

---

[265] Vgl. Ralf Dahrendorf (Anm. 39), S. 23.
[266] „Ziele des Fortschritts" – Aktionsprogramm der FDP (Anm. 19), S. 91.
[267] Ebd.
[268] Vgl. ebd. S. 92
[269] Ebd.

und Begabungstests, Leistungsmessung, Laufbahn- und Übergangskontrolle".[271] Der Anspruch an den Einzelnen erzwang Selbstverantwortung. Bei guten Lernbedingungen erwartete die FDP gute Leistungen, die Reformen zielten auch auf eine verbesserte Konkurrenzfähigkeit.

Eine Forderung Hamm-Brüchers, die Einführung der neunten Klassenstufe als Regelschuljahr an Volksschulen, sparte das Aktionsprogramm aus. Die Differenzierungsmöglichkeiten forderten aber einen größeren Zeitrahmen für die schulische Ausbildung. Diese Empfehlungen implizierten die Ausweitung der Unterrichtszeit. An anderer Stelle entsprach die Schrift den Vorstellungen der Bildungsexpertin. In ihrem bildungspolitischen Programm plädierte sie für ein Gesamtschulmodell – von ihr als „differenzierte Mittelschule" bezeichnet – mit großzügigen Wahlmöglichkeiten für den einzelnen Schüler.[272] Einen Wechsel zwischen den Klassenzügen sah Hamm-Brücher bis zu dreimal pro Jahr vor. Abiturprüfungen hatten aus ihrer Sicht viele Variationsmöglichkeiten zu beinhalten, so sollten sieben Abschlussarten nach französischem Beispiel eingeführt werden.

Weitgehende Reformen erzwangen, zukünftige Entwicklungen zu beachten. Die Liberalen sprachen von „Bildungsforschung".[273] Im Unterschied zur Wirtschaftspolitik befürwortete die FDP in der Bildung staatliche Planung. Nach den Erfahrungen der NS-Zeit, so monierte u.a. Peter Menke-Glückert, habe eine Aversion gegen jede Art von Planung Einzug gehalten. Für die Bildungspolitik dürfe das nicht länger gelten.[274] Diese Konzeption blieb in einer liberalen Partei umstritten. Ein Artikel Gerhard W. Wittkämpers in „liberal" bezog sich zwar nicht in erster Linie auf Bildungspolitik, doch sein Angriff gegen Planungsmentalität, traf auch sie.[275] Er warf ihr Phantasiefeindlichkeit vor.

Tatsächlich bestand in der planungsfreundlichen Argumentation ein Widerspruch. Hamm-Brücher monierte, dass der Kulturföderalismus durch seine abschirmende Wirkung Konkurrenz verhindere, die für eine Verbesserung der Standards nötig sei.[276] Trat sie aber für Wettstreit ein, waren die Ziele, zunehmende Planung und Verlagerung der

---

[270] Vgl. ebd.
[271] Ebd.
[272] Vgl. Hildegard Hamm-Brücher: Entwurf eines bildungspolitischen Programms, in: Dies. (Anm. 40), S. 238-241.
[273] „Ziele des Fortschritts" – Aktionsprogramm der FDP (Anm. 19), S. 91.
[274] Vgl. Peter Menke-Glückert (Anm. 261), S. 132.
[275] Vgl. Gerhard W. Wittkämper: Planungsideologien in der Politik, in: liberal 11 (1969), S. 52-61.
[276] Vgl. Rede Hildegard Hamm-Brüchers auf dem Bundesparteitag 1967, in: Dies. (Anm. 40), S. 230-237, hier S. 232/233.

Kompetenzebene auf den Bund, unstimmig. Ihr Verweis, in den Nachbarländern geschähen die Reformen auf nationalstaatlicher Ebene, konnte nicht überzeugen. Eine reformoffene Landesregierung erschien prinzipiell ebenso in der Lage, Veränderungen einzuleiten und durchzusetzen.

Eine Verbesserung des Bildungsstandards lag auch im parteipolitischen Interesse der FDP. Günter Verheugen argumentierte: „Erst wenn die Gesamtgesellschaft eine Bildungsgesellschaft geworden ist, wird die Zahl der Verstandeswähler die Zahl der Gefühlswähler übersteigen. Die FDP hat aber völlig richtig erkannt, daß sie ohnehin nur mit den Stimmen der Verstandeswähler rechnen darf."[277] Nach diesem Gedankengang versprach das Wachsen einer Schicht von Höhergebildeten die Zunahme der Sympathisantenschar der FDP. Es zeigte sich ein dritter Anlass für eine Reform: Neben wirtschaftlicher Notwendigkeit und Sicherung der Legitimität der freiheitlichen Rechtsordnung, die Steigerung des Einflusses der Freien Demokraten.

Das griffig formulierte Aktionsprogramm – mit der zentralen Aussage „Bildung ist Bürgerrecht" – mündete in einen Forderungskatalog, der u.a. vorsah:[278]

- Erweiterung der Bundeskompetenzen
- Zusammenfassung dieser Kompetenzbereiche in einem Bildungs- und Wissenschaftsministerium
- Regelmäßige Anfragen an die Landesregierungen über die Umsetzung des „Hamburger Abkommens"
- Anträge zur Durchführung wissenschaftlich kontrollierter Schulversuche
- Vorschläge zur Einrichtung von Schulzentren

Der letzte Punkt, die Einrichtung von Schulzentren, wies auf ein Grundanliegen der FDP-Bildungspolitiker. In einigen Bundesländern (u.a. Bayern und Nordrhein-Westfalen) dominierte die umstrittene Bekenntnisschule.[279] Die FDP dokumentierte ihren Widerstand gegen diesen Schultyp in Bayern, Baden-Württemberg und Niedersachsen.[280] Hatten sich die Liberalen bis in die Mitte der fünfziger Jahre für die Bekenntnis-

---

[277] Günter Verheugen (Anm. 97), S. 336.
[278] Weitere Aufgaben der Bildungspolitik formulierten die FDP für die Bereiche der Erwachsenenbildung und der Hochschulen. Vgl. „Ziele des Fortschritts" – Aktionsprogramm der FDP (Anm. 19), S. 94/95.
[279] Vgl. Auf dem Rückzug, in: Der Spiegel 21 (1967), H. 20, S. 52-68.
[280] In Niedersachsen kündigte die SPD 1965 die sozial-liberale Koalition auf, nachdem Kultusminister Hans Mühlenfeld (FDP) den Widerstand der Liberalen gegen die Erleichterung der Bildung von Bekenntnisschulen erklärt hatte. Vgl. AdG (Anm. 133), S. 3750/3751.

schule ausgesprochen, um das „abendländisch-christliche Glaubensgut"[281] zu sichern, korrigierten sie ihren Kurs, als sich andeutete, dass die Absolventen nicht den Stand ihrer Altersgenossen an überkonfessionellen Schulen erreichten.[282] Allein Hildegard Hamm-Brücher hatte bereits seit 1949 gegen die Bekenntnisschule plädiert, konnte sich aber zu diesem Zeitpunkt in ihrem bayerischen Landesverband nicht durchsetzen.

Die FDP reagierte mit einem Bürgerbegehren in Bayern zur rechtlichen Gleichstellung christlicher Gemeinschafts- und Bekenntnisschulen. Dies scheiterte knapp. Statt der erforderlichen zehn Prozent beteiligten sich nur 9,4 Prozent der Wahlbevölkerung. Ein Sprecher des Landesverbands sprach daraufhin von sabotageähnlichen Umständen: „Von jeder zweiten Kanzel im Land wurde gegen uns gewettert, in vielen Gemeinden lag die Liste bei weitem nicht lange genug aus, in manchen Städten gab es überhaupt keine Hinweise auf die Eintragungsstellen".[283] Die außerparlamentarische Opposition FDP hatte im Freistaat einen Achtungserfolg errungen. Greifbare Ergebnisse blieben zwar aus, aber es war ein Signal. Anschließend beantragte die SPD-Landtagsfraktion, in der Verfassung festzuschreiben, dass „die öffentlichen Volksschulen (...) christliche Gemeinschaftsschulen [seien]".[284] Nachdem die FDP für Schlagzeilen gesorgt hatte, zeigte auch die SPD ihre Ablehnung des Status quo. Die Liberalen fungierten als Vorreiter.

Wenige Tage später beschloss der Landtag Baden-Württembergs mit der Mehrheit seiner Großen Koalition, die Gemeinschaftsschule badischer Prägung als einzige staatliche Schulform einzuführen. Die Regelung ging noch über den bayerischen FDP-Antrag hinaus, doch die Südwest-Liberalen lehnten den Entwurf ab, da er die Bildung privater Bekenntnisschulen mit staatlicher Förderung vorsah.[285] Auch an dieser Frage war im Dezember 1966 die CDU/FDP-Koalition gescheitert. Die Sozialdemokraten, unter Herbert Wehner auf Konfrontationsvermeidung mit der katholischen Kirche orientiert, erklärten sich mit dem Kompromiss einverstanden und stachen die FDP aus. Die Freien Demokraten hatten in einer Detailfrage Härte gezeigt. Um nicht erneut als „Umfaller" stigmatisiert zu werden, zahlten sie den Preis der Opposition.

---

[281] Vgl. Peter Juling (Anm. 27), S. 55/56.
[282] Im „Berliner Programm" forderte die FDP die „Christliche Gemeinschaftsschule". Vgl. Berliner Programm der FDP (Anm. 55), S. 79.
[283] Zit. nach: AdG (Anm. 133), S. 4212.
[284] Zit. nach: Der Spiegel (Anm. 279), S. 60.
[285] Vgl. AdG (Anm. 133), S. 4214.

Eine konsequente Reformpolitik bot die Chance, neue Verbündete zu gewinnen. Walter Scheel betrachtete die Bildungspolitik als ein Feld, auf dem die FDP Veränderungsbereitschaft dokumentieren und Wählerstimmen gewinnen könne.[286] Die Jugend drängte sich als Unterstützer liberaler Bildungspolitik – auch im Schulbereich – geradezu auf. Forderungen nach Demokratisierung, parallel zu den studentischen Forderungen im universitären Bereich, ließen die FDP als attraktiven Partner erscheinen.[287] Nach anfänglichem Optimismus erkannten die Liberalen aber, dass eine Allianz mit der Studentenbewegung scheiterte, weil diese an konstruktiver Zusammenarbeit nicht interessiert war. Hamm-Brücher sprach 1968 statt von APO von einer ADO, weil „sie eine anarchisch-antidemokratische Opposition [sei]".[288]

Diese Etikettierung deutete bereits Spannungen an, doch verstärkte die Zahnlosigkeit der liberalen Politik die Entfremdung. Die notwendige Einigkeit der Landesparlamente war nicht zu erwarten. Es ging um Verfassungsänderungen, die ihre Rechte einschränkten. In beiden bundesweiten Ausschüssen, der Kultusministerkonferenz und dem Deutschen Bildungsrat, dominierten die Vertreter der Landesregierungen. Allein diese Gremien versprachen, Standards der Bundesländer anzugleichen. In ihnen kam den Kultusministern eine herausragende Stellung zu. Die FDP besetzte aber zwischen 1966 und 1969 trotz der Beteiligung an sechs bzw. fünf Kabinetten (1967 schied die FDP aus dem West-Berliner Senat aus) keines dieser Ministerämter. Die ohnehin geringen Einflussmöglichkeiten gaben sie aus der Hand.

Positiv fiel auf, dass die Bildungspolitik in den FDP-Reihen kein Konfliktfeld darstellte. Innere Gegensätze – wie sie in der Ost- und Deutschlandpolitik auftraten – hätten die Aktionsfähigkeit zum Erliegen gebracht. Aber die herrschenden Umstände zeigten trotzdem Verhaltensunterschiede zwischen den Landesorganisationen. Trat die FDP in Bayern mit einem publikumswirksamen Volksbegehren auf, und gingen Parteifreunde in Baden-Württemberg mit ihren Forderungen nach Abschaffung der Bekenntnisschule noch darüber hinaus, stellte die Verbreitung der konfessionell getrennten Bildungsein-

---

[286] Vgl. Daniel Koerfer (Anm. 33), S. 79.
[287] Vorschläge, die Mitbestimmungsmöglichkeiten für Schüler zu verbessern, bot Heinrich Kupffer. Vgl. ders.: Was heißt Demokratisierung der Schule?, in: liberal 10 (1968), S. 545-553.
[288] Hildegard Hamm-Brücher: Schule zwischen Establishment und APO, in: Dies.: Schule zwischen Establishment und APO, Hannover 1969, S. 9.

richtungen in Rheinland-Pfalz für die FDP – ein Teil der Mainzer Regierungskoalition – keinen akuten Diskussionsgegenstand dar.

Die programmatische Ausweitung der Hannoveraner Thesen führte die Liberalen zunächst nicht weiter. Innerparteiliche Querelen verhinderten die Verabschiedung eines Grundsatzprogramms und damit die Festschreibung schulpolitischer Leitlinien. Liberale Essentials blieben die Stärkung der Bundeskompetenzen, die Abschaffung der Bekenntnisschulen, Durchlässigkeit der Bildungseinrichtungen und verklausuliert die Einführung des neunten Schuljahrs an den Volksschulen. Hier befand sich die FDP in Einklang mit den Sozialdemokraten, die im „Godesberger Programm" forderten: „Die Schulpflicht ist auf zehn Jahre auszudehnen."[289] Mit diesen knappen Worten gingen sie sogar über die Vorstellungen der FDP hinaus.

Die FDP konzipierte ihre „Offene Schule",[290] welche den Kern der bildungspolitischen Thesen der „Nürnberger Wahlplattform" bildete. Eingebettet in das Konzept einer „offenen Gesellschaft" vertraten die Liberalen in einer Neuauflage des Slogans von 1967 das „Bürgerrecht auf Bildung".[291] Mit der Herausstellung der Bildungspolitik als vorangestelltem Aspekt der Gesellschaftspolitik deutete die FDP ihre hohe Wertschätzung an. Individuell optimale Lernbedingungen sollten das Rüstzeug für ein selbstständiges Leben vermitteln. Die Ausbildungsfinanzierung fußte auf einem sozial gerechten Ansatz, weshalb die „materiellen Vorraussetzungen für die Chancengleichheit zu gewährleisten"[292] waren. Die Voranstellung verdeutlichte, dass der Einzelne, nachdem er Bildung erhalten habe, für sein Leben selbstverantwortlich sei. Bildung erfüllte keinen Selbstzweck, sondern stellte das herausragende Sozialprogramm dar.

Der Entwurf der „Offenen Schule" zog sich durch alle bildungspolitischen Aussagen des Programms. Sein Kern war: „Die Offene Schule kennt keine Sackgassen der Bildung und kein Sitzenbleiben. Durch die Verbindung von Kern- und Wahlkursen wird die individuelle Förderung der Schüler erleichtert."[293] Die „starren Jahrgangsklassen in allen

---

[289] Godesberger Programm der SPD (Anm. 46), S. 163.
[290] Praktische Politik für Deutschland – Das Konzept der F.D.P. (Anm. 20), S. 110.
[291] Die ersten Sätze der gesellschaftspolitischen Thesen lauteten: „Für die F.D.P. ist Bildungspolitik Kernstück ihrer Gesellschaftspolitik. Bildung ist Bürgerrecht und Aufstiegschance zugleich." Vgl. ebd.
[292] Ebd.
[293] Ebd.

Fächern, und die Schranken zwischen den Schultypen", sahen die Bildungsexperten als Grundübel, denn sie erschwerten „die Entfaltung der Vielfalt vorhandener Talente".[294]

Ein ausgefeiltes Alternativmodell bot die FDP nicht an. Die weitreichenden Forderungen des Aktionsprogramms von 1967 an die Länder und den Bund wiederholte sie nicht. Mangelnde Umsetzungsmöglichkeit gebot, Zurückhaltung zu üben. Weiterhin zielte die Wahlplattform auf den bundesweiten Urnengang 1969. Dies erzwang die Beschränkung auf prägnante Bemerkungen, die sich nicht primär auf die Bundesländer bezogen. Der 1967 verwendete Begriff „Gesamtschule" blieb ausgespart. Zwar deutete die „Durchlässigkeit" der „Offenen Schule" das Modell an, aber auf eine genaue Beschreibung verzichteten die Freien Demokraten. In seiner Klarheit stellte das Aktionsprogramm von 1967 die Wahlplattform in den Schatten.

Weitergehende Vorschläge, gerade das Gesamtschulmodell, trafen auf gesellschaftliche Widerstände. So wandten sich die Gymnasial- und Realschullehrer gegen die Einführung. Sie befürchteten eine Verschlechterung des allgemeinen Niveaus und lehnten eine spätere Differenzierung ab.[295] Ähnliche Befürchtungen teilten die Vertreter der weitergehenden Bildungseinrichtungen, die mangelhafte Studienvorbereitung der Oberschüler vorhersahen, und die Vertreter der Industrie. Deren Skepsis gründete auf mehreren Ebenen. Zunächst verstanden sie die Verlängerung der Schulzeit, die mit einer Verknüpfung von schulischer und beruflicher Ausbildung verbunden sein sollte, als Beschneidung ihres Handlungsraumes. Die von Georg Picht geforderte und mit Abstrichen von Dahrendorf aufgenommene Befürwortung einer Zunahme der Abiturientenzahlen gefährdete ihr Nachwuchsreservoir für die Ausbildungsberufe.[296] Auch die partielle Verschiebung der Schwerpunkte des Unterrichts gewann keinen ungeteilten Beifall. „In der Didaktik soll die Einübung kritischen und verantwortlichen Handelns stärker als bisher neben die Aufgaben des Lernens treten."[297] Das stärkte einerseits die Selbstständigkeit des Einzelnen, verlängerte aber die Schulausbildungszeit. Nach längerer Unterrichtzeit würde sich der Auszubildende emanzipiert gegenüber dem Ausbilder zeigen.

---

[294] Ebd.
[295] Vgl. Arthur Hearnden (Anm. 41), S. 200/201.
[296] Vgl. Georg Picht (Anm. 18), S. 19/20; Vgl. Ralf Dahrendorf (Anm. 39), S. 32.
[297] Praktische Politik für Deutschland – Das Konzept der F.D.P. (Anm. 20), S. 110.

Die FDP befand sich in einem Dilemma – obwohl der Chor der Industrievereinigungen sich mehrstimmig äußerte.[298] Einerseits war die Reformnotwendigkeit unbestritten, andererseits fiel ihr die Überzeugung der Klientel nicht leicht. Volkswirtschaftlich mochte die Erhöhung der Abiturientenzahlen unabdingbar sein; die Interessen der mittelständischen Unternehmer wiesen in eine andere Richtung. Eine Überlegenheit des Gesamtschulkonzepts war über keinen Feldversuch nachgewiesen worden. So musste es überzeugender erscheinen, die traditionelle Struktur beizubehalten und innerhalb des gegliederten Schulsystems Veränderungen vorzunehmen.

Zurückhaltung versprach, zumindest Teile der bildungspolitischen Agenda durchzusetzen. So erklärt sich die Hemmung der Liberalen, die Gesamtschule explizit anzukündigen. Ihre Einführung konnte die FDP selbst mit einer Bundestagsmehrheit nur fordern. Zugleich bediente sie mit ihren Aussagen die Wirtschaftsvertreter aller Couleur. Die Veränderungswilligen fanden Reformansätze, die Konservativen stießen sich nicht am Gesamtschulkonzept.

Ein weiterer Schlüsselbegriff des Hannoveraner Aktionsprogramms fand in der Wahlplattform keine Aufnahme. „Bildungsplanung" erwähnte die Schrift lediglich indirekt. Die Autoren schrieben nur, dass sich die Bildung „nicht an kurzfristigen Bedarfserwägungen orientiert".[299] Planung, 1967 noch ein akzeptierter Bestandteil der Programmatik, verschwand aus dem Wortschatz der Freien Demokraten. Dies entsprach einer Grundströmung in der Partei.[300] Geringe Umsetzungsmöglichkeiten und die Orientierung auf ein sozial flankiertes Wettbewerbssystem schwächten die Position der Anhänger weitergehender Planung.

Vor der Bundestagswahl zielte die FDP auf eine Popularisierung der Bildungsdebatte. Bereits Monate vor der Abstimmung schaltete die Bundesgeschäftsstelle Anzeigen. Unter der Überschrift „Unser Schulsystem ist ein alter Zopf. Ihre Kinder müssen ihn tragen" propagierte sie ihre „Offene Schule".[301] Das Konzept erklärte: „Volksschule, Hauptschule, Realschule, Gymnasium – alles ein einziges, offenes Schulsystem".[302] Das Gesamtschulmodell erwähnte die Anzeige nicht. Jeder sollte eine auf seine individuellen

---

[298] Vgl. Arthur Hearnden (Anm. 41), S. 201/202.
[299] Praktische Politik für Deutschland – Das Konzept der F.D.P. (Anm. 20), S. 110.
[300] Vgl. Heino Kaack (Anm. 26), S. 40.
[301] Vgl. FDP-Anzeige, in: Der Spiegel 23 (1969), H. 3, S. 31.
[302] Ebd.

Ansprüche zugeschnittene Ausbildung erhalten. Den Erfolg liberaler Bildungsideen sahen sie garantiert, denn: „Wer aus der Offenen Schule kommt, weiß genau, was er kann und will: Er wählt den richtigen Beruf. Oder das richtige Studium. Er wird Erfolg haben."[303] Selbstbewusstsein in reinster Form zeigten nicht nur die Liberalen mit dieser Feststellung, sondern – dem Konzept folgend – auch die Schulabgänger, ihnen wurde eine einhundertprozentige Erfolgsgarantie suggeriert.

Die Annonce zielte vordergründig nicht auf die anstehende Wahl ab. Nicht der Aufruf FDP zu wählen, sondern die Information über das bildungspolitische Programm stellte die Bundesgeschäftsstelle als Intention dar. So verband sie mit der Anzeige das Angebot, weitere Informationen zuzusenden. Bereits Monate vor der Wahl versuchte die FDP, ihre Vorstellungen der Öffentlichkeit zu präsentieren, ohne zu genaue programmatische Ansichten darzulegen, die im Wahlkampf eine Angriffsfläche bieten konnten. Auf konkrete Aussagen über eine verstärkte finanzielle Förderung verzichteten die Liberalen. Die vielversprechende Aussage Mendes von 1961, die finanzielle Gleichstellung der Bildungspolitik mit den Ausgaben für Verteidigung und soziale Sicherheit, erwies sich als haltlos.

Eine Veränderung stach zwar nicht auf den ersten Blick heraus, fiel aber bei einer längeren Beobachtung der FDP-Schulpolitik auf: Verstärkte internationale Orientierung. Hatte Picht mit seinem Verweis auf schwindende Wettbewerbfähigkeit den übernationalen Aspekt angedeutet, intensivierten ihn Hamm-Brücher und Dahrendorf. Der Professor hatte durch seine Erfahrungen in Großbritannien eine Prägung erhalten, die ihn in Gegensatz zu den nationalliberalen Funktionären der FDP brachte. Dahrendorf sprach sich für die Stärkung individueller Freiheit aus und lehnte deshalb das restaurative bundesdeutsche Schulwesen ab. Hildegard Hamm-Brücher verglich die persönlichen Möglichkeiten der einzelnen Schüler mit deren Altersgenossen im europäischen Ausland. Beide Politiker vertraten eine internationale Orientierung, die in der Bundesrepublik des Untersuchungszeitraums im wachsendem Maß Einzug hielt. Ein Ende der Selbstbeschränkung begann sich Raum zu verschaffen.

Insbesondere die Ablehnung der Bekenntnisschule verdeutlichte, dass die Ergebnisse restaurativer Politik der Adenauer-Ära behutsam überwunden werden sollten. Es stand

---

[303] Ebd.

keine radikale Veränderung auf dem Tableau doch die Auswüchse der überkommenen Strukturen galt es zu verschneiden.

4.3. Sozial- und Wirtschaftspolitik

Zu Ende der Regierung Erhard konnte die FDP als „bürgerlichste" aller Bundestags-parteien bezeichnet werden.[304] In der Tradition Friedrich von Hayeks stützte sie sich auf einen Wirtschaftsliberalismus, der durch Konkurrenz zu Leistung anspornen sollte.[305] Diese Laisser-faire-Vorstellung bildete das Gerüst der FDP-Politik nach dem 2. Welt-krieg. Stärker als andere Parteien lehnte die FDP Eingriffe in den Wirtschaftskreislauf ab. Gleiches galt auch für die Unternehmensverfassung, welche sich auf drei Entschei-dungsebenen bezieht:[306]

- Die Unternehmensebene
- Die Betriebsebene
- Die Arbeitsplatzebene

1950/51 konnten sich die Liberalen mit ihrer Ablehnung der paritätischen Mitbestim-mung in der Montanindustrie nicht durchsetzen. In der Frage des Betriebsverfassungsge-setzes gelang aber die Verhinderung eines gleichlautenden Abschlusses, da Kanzler Ade-nauer die harte Haltung der FDP nicht ignorieren konnte.[307] Die Liberalen verteidigten die Mehrheitsbestimmung der Betriebseigner. Die Arbeitnehmervertreter gewannen zwar eine Drittelbeteiligung, eine Sperrminorität verband sich damit nicht.

Das Betriebsverfassungsgesetz blieb in den folgenden Jahren in der Diskussion. Hatte die Union schon Anfang der fünfziger Jahre Kompromissbereitschaft gezeigt und plä-dierten SPD und Gewerkschaften ohnehin für die Ausweitung der Mitbestimmungs-rechte durch die Beschäftigten, hielt die FDP an der Drittelbeteiligung der Arbeitnehmer fest. In liberaler Tradition präferierten die Freidemokraten eine Eigentumsbildung des

[304] Vgl. Ulrich Wildermuth: Von der FDP zur F.D.P., in: Wolfgang Mischnick (Hrsg.): Verantwortung für die Freiheit: 40 Jahre FDP, Stuttgart 1989, S. 196.
[305] Vgl. Friedrich A. von Hayek: The Road of Serfdom, London 1944.
[306] Vgl. Dorothea Brinkmann-Herz: Die Unternehmensmitbestimmung in der BRD. Der lange Weg einer Reformidee, Köln 1975, S. 7/8.
[307] Vgl. Theo Rütten: Der deutsche Liberalismus 1945 bis 1955: Deutschland- und Gesellschaftspolitik der ost- und westdeutschen Liberalen in der Entstehungsphase der beiden deutschen Staaten, Baden-Baden 1984, S. 291-302.

Einzelnen, da „diese Form der Mitbeteiligung und der Mitverantwortung über das Eigentumsrecht des einzelnen (...) uns natürlicher und gesünder als die von den Funktionären bestimmter Organisationen angestrebte Ausdehnung des überbetrieblichen Mitbestimmungsrechts [erscheint]".[308]

Mitbestimmung fußt neben der Kontrollfunktion auf der Idee sozialer Partnerschaft. Diese Bindung zwischen Kapitaleigner und Arbeitnehmerschaft basiert auf der Wahrnehmung des Betriebs als „Schicksalsgemeinschaft".[309] Dem Anspruch der FDP, auch ohne ausgereifte Liberalismusdefinition, lief dieser antiindividualistische Ansatz zuwider. Einschränkungen der Verfügungsgewalt schränkten individuelle Verantwortung unnötig ein. Der Unternehmer, Eigentümer und Verantwortlicher des Unternehmens, verlor aus diesem Blickwinkel seine Gestaltungsfreiheit. Während seine aktiven Möglichkeiten eingegrenzt würden, haftete er weiterhin für den Zustand des Betriebs. Diese ungerechte Verteilung von Rechten und Pflichten schwächte aus liberaler Sicht nicht allein die wirtschaftliche Leistungsfähigkeit, sondern auch die Grundlagen gesellschaftlicher Freiheit.

Für die FDP zeigte sich trotzdem ein Zielkonflikt. Der versuchte Aufbruch zu einer Volkspartei in der ersten Hälfte der sechziger Jahre zwang die Liberalen, sich vom Image einer Unternehmerpartei zu lösen. Mende dachte in erster Linie an die industriellen Facharbeiter, die als neues Wählerreservoir gewonnen werden sollten.[310] Dieser Schicht musste die FDP programmatische Angebote offerieren. Mende ergänzte die Forderung nach Eigentumsförderung – als Ersatz für den Ausbau Betrieblicher Mitbestimmung – mit der Mahnung: „Den Arbeitgebern sagen wir, daß es ohne eine ausreichende Berücksichtigung der Anliegen einer freien Gesellschaft bei der Reform des Gesellschaftsrechtes und ohne die Schaffung einer breiten Schicht von Kleinaktionären auf die Dauer keine politische Kraft geben wird, die stark genug ist, dem wachsenden Druck der Interessenorganisationen auf eine Ausdehnung des überbetrieblichen Mitbestimmungsrechtes erfolgreich standzuhalten!"[311] Durch den Erwerb von Firmenanteilen übernahm der Arbeitnehmer Verantwortung für das Unternehmen und wurde an den Erträgen

---

[308] Erich Mende auf dem FDP-Parteitag 1965. Zit. nach: Konrad Stollreither (Anm. 43), S. 104.
[309] Gefördert wurde dieses Gemeinschaftsgefühl durch die Änderungen der Sozialstruktur während des 2. Weltkriegs und in der Phase des Wiederaufbaus. Vgl. Joachim K. Weitzig: Gesellschaftsorientierte Unternehmenspolitik und Unternehmensverfassung, Berlin/New York 1979, S. 83.
[310] Vgl. Kurt J. Körper (Anm. 56), S. 30/31.

beteiligt. Den Arbeitgebern wurde verdeutlicht, dass eine Reform zur Sicherung der Grundstruktur vonnöten sei. Eine planvolle Veränderung des aktuellen Zustands sollte für eine Stärkung der Legitimität des Betriebsverfassungsgesetzes sorgen.[312]

Mit ihrer Politik der Ablehnung eines Ausbaus Betrieblicher Mitbestimmung sah sich die FDP auf einer Linie mit Bundeskanzler Ludwig Erhard.[313] Das Ende dessen Kanzlerschaft brachte die Liberalen unter Zugzwang. Der sozial-liberalen Option stand der programmatische Dissens im Weg. Die Sozialdemokraten forderten im „Godesberger Programm": „Im demokratischen Staat muß sich jede Macht öffentlicher Kontrolle fügen. Das Interesse der Gesamtheit muß über dem Einzelinteresse stehen. (...) Der demokratische Sozialismus erstrebt darum eine *neue* Wirtschafts- und Sozialordnung."[314] Während der Gespräche zwischen FDP und SPD verwies der ehemalige FDP-Finanzminister Heinz Starke Willy Brandt, dass in einer Regierungserklärung Mitbestimmung nicht erwähnt werden dürfe.[315] Nachdem die politischen Gemeinsamkeiten zwischen CDU/CSU und FDP aufgebraucht waren, trugen die Differenzen mit den Sozialdemokraten bei, dass sich die Freien Demokraten auf den Oppositionsbänken wiederfanden.

Zunächst kam die innerparteiliche Diskussion nicht voran. Programmatische Ideen fehlten.[316] Andere Diskussionspunkte standen im Zentrum des Interesses. Selbst „liberal", die „pressure-group" zur Förderung neuer Gedanken, hielt sich zurück. Allein der LSD präsentierte noch vor dem Ende der christlich-liberalen Koalition ein Aktionsprogramm, das sich vom Laisser-faire-Liberalismus abwandte.[317] Die Studentenvertreter verwiesen auf die Notwendigkeit paritätischer Mitbestimmung, da der Staat planvoll und kontrollierend in den Wirtschaftskreislauf eingreifen müsse. Als Reaktion auf die drohende Rezession – das Wachstum hatte stetig abgenommen – sollte das „freie Spiel der Kräfte" mit Interventionsoptionen des Staats versehen werden.[318] Die Befürchtung, dass sich Wirtschaftsvertreter zum „Staat im Staate" entwickeln könnten erzwang aus LSD-

---

[311] Erich Mende auf dem FDP-Parteitag 1965. Zit. nach: Konrad Stollreither (Anm. 43), S. 105.

[312] Vgl. Barthold C. Witte: Eigentumspolitik – gefährliche Illusion, in: liberal 8 (1966), S. 718-722.

[313] Vgl. Karl-Herrmann Flach (Anm. 96), S. 178.

[314] Godesberger Programm der SPD (Anm. 45), S. 150/151. (Hervorhebung vom Verfasser)

[315] Vgl. Willy Brandt (Anm. 228), S. 174.

[316] Vgl. Ernst Eggers: Die Marktwirtschaft im Sog der Sozialdemagogen, in: liberal 8 (1966), S. 341.

[317] Vgl. Aktionsprogramm zur Wirtschafts- und Sozialpolitik, vorgelegt vom LSD, abgedruckt in: liberal 8 (1966), S. 50-59.

Sicht deren Kontrolle. Die Studentenvereinigung kämpfte für eine Reform der Entscheidungsprozesse der universitären Organe. Eine Übertragung der Forderungen vom akademischen auf das Wirtschaftsfeld lag auf der Hand.

Die Ansprüche des LSD stießen in der Mutterpartei auf wenig Gegenliebe. Ernst Eggers, Mitglied des FDP-Bundesvorstands, antwortete in „liberal" unter dem Titel „Mitbestimmung oder die Liebe zu Utopia".[319] Zwar schloss sich Eggers „der Auffassung an, daß zur Kontrolle, zur Nivellierung oder zur Neutralisierung wirtschaftlicher Übermachtverhältnisse (...) kein ausreichendes Instrumentarium zur Verfügung steht"[320], doch beschränkte er sich auf die Verhinderung wettbewerbsschädlicher Verzerrungen. Den Ausbau Betrieblicher Mitbestimmung – insbesondere durch Gewerkschaftsvertreter – lehnte der Autor ab, da auch die Arbeitnehmervereinigung durch antidemokratische Tendenzen bedroht sei. Daraus folgerte Eggers: „Die Ausweitung der Mitbestimmung läßt sich daher nicht mit dem Interesse des Gemeinwohls begründen, den Mißbrauch wirtschaftlicher Machtstellung (...) zu verhindern."[321] Stattdessen bestehe die Aufgabe in der Sicherung der Interessen der Betriebsangehörigen – unternehmensfremde Gewerkschafter erschienen ihm dafür als ungeeignet.[322] Die Liberalen plädierten alternativ für den Ausbau des Betriebsverfassungsgesetzes. Die Rechte des Betriebsrats sollten gestärkt werden. In der Konsequenz bedeutete dies die Beschränkung der Mitbestimmung auf die Betriebs- und Arbeitsplatzebene. In der Gesamtplanung für das Unternehmen, sollte die Drittelbeteiligung Bestand haben.

In Kontinuität restriktiver Lösungen stand das Aktionsprogramm von 1967. In These 27 fasste die FDP lapidar zusammen: „Die Träger autonomer Verantwortlichkeit (...) dürfen in ihrer Selbständigkeit nicht geschmälert werden. Deshalb sind Lohnleitlinien für die Tarifpartner ebenso abzulehnen wie die Forderung nach ‚sozialer Symmetrie'".[323] In der Frage der Entscheidungsbefugnisse blieb die Majorität unangetastet. „Mitbestimmung" erhielt im Programm keine Erwähnung. Zugleich schmälerte die abgelehnte „so-

---

[318] Einen vergleichbaren Ansatz verfolgte das 1967 von der Großen Koalition verabschiedete „Gesetz zur Förderung der Stabilität und des Wachstums der Wirtschaft vom 8. Juni 1967", abgedruckt in: Christoph Kleßmann: Zwei Staaten, eine Nation. Deutsche Geschichte 1955-1970, 2. Aufl., Bonn 1997, S. 532/533.
[319] Vgl. Ernst Eggers: Mitbestimmung oder die Liebe zu Utopia, in: liberal 8 (1966), S. 120-125.
[320] Ebd. S. 121.
[321] Ebd. S. 122.
[322] Vgl. ebd. S. 123.
[323] „Ziele des Fortschritts" – Aktionsprogramm der FDP 1967 (Anm. 19), S. 96.

ziale Symmetrie" aus Sicht der FDP die Konkurrenzfähigkeit im internationalen Vergleich. Scheel erklärte vor dem Rhein-Ruhr-Klub: „Die Ausweitung der Mitbestimmung steht im Gegensatz zur Investitionsbereitschaft. (...) Nirgendwo gibt es eine Mitbestimmung wie bei uns. Wo werden Unternehmungen investieren, wenn sie in anderen Regionen des gleichen Wirtschaftsraumes keine Schwierigkeiten für die Produktion haben?"[324]

Diese Position blieb aber nicht unumstritten. Einerseits stärkte der bayerische Landesvorsitzende Dietrich Bahner der Ablehnungsfront den Rücken,[325] andererseits plädierte sein Berliner Amtskollege William Borm für eine grundlegende Neupositionierung der Partei, die sich auch in der wirtschafts- und sozialpolitischen Einstellung widerspiegeln müsse.[326] Verglich man die Position beider Liberaler erschien es kaum vorstellbar, dass sie einer Partei angehörten. Beide plädierten für Abgrenzung gegenüber der Politik der Großen Koalition, ihre Intentionen unterschieden sich jedoch fundamental. Bahner monierte: „Von der großen Koalition droht der Leistungskraft unserer Wirtschaft eine weitere, nicht hoch genug einzuschätzende Gefahr. In ihr machen sich mehr und mehr Kräfte breit, die mit dem Schlagwort ‚Demokratisierung der Wirtschaft' eine erweiterte Mitbestimmung für weite Bereiche der Wirtschaft anstreben. Wir in der Bundesrepublik haben das sogenannte Betriebsverfassungsgesetz. Es ist das kühnste, modernste und waghalsigste Unterfangen, das der freien Welt (...) gegeben wurde." Einer Ausweitung der Regelung folge, so befürchtete er: „Nicht mehr der Einfallsreichtum und die Risikofreudigkeit des einzelnen, sondern der Apparat der Gewerkschaft würde zum bestimmenden Faktor des wirtschaftlichen Geschehens. An die Stelle des Individuums würde das Kollektiv treten, an die Stelle der Leistung der Machtanspruch."[327] Der Regierung warf er Ausweitungsbestreben vor, das Individualität und Leistungsbereitschaft mindere.

Die Gegenposition nahm Borm ein. Er bemängelte, der bürgerliche Liberalismus habe sich von der Idee des technischen Fortschritts abgekoppelt, was „der wesentliche Grund des Niedergangs des deutschen Liberalismus (...) [sei]." Im Anschluss bedauerte er: „Die Freiheit des Liberalismus ist nicht mehr die Freiheit für alle, sondern zielt vor allem ab auf die Freiheit des Mittelstands und des Unternehmertums. (...) Damit berühre ich eine

---

[324] Zit. nach: Konrad Stollreither (Anm. 43), S. 105.
[325] Vgl. Dietrich Bahner: Für die Freiheit des unternehmerischen Menschen, in: Industriekurier vom 27.1.1968. Zit. nach: Ossip K. Flechtheim (Anm. 21), Bd. 6/1, S. 431-433.
[326] William Borm: „Links" ist ganz einfach notwendig, in: Industriekurier vom 27.1.1968. Zit. nach: Ossip K. Flechtheim (Anm. 21), Bd. 6/1, S. 433-436.

der wundesten Stellen in der moralischen und psychologischen Haltung vieler Liberaler, die da sagen: Die Gleichheit der Bürger gilt theoretisch in der Politik, schon gesellschaftlich gilt sie nicht, im wirtschaftlichen Bereich gilt sie gar nicht".[328] Der Berliner monierte fehlende demokratische Rechte des Arbeitnehmers. Er fragte, wie der Widerspruch gelöst werden könne, dass gleiche Befugnisse im öffentlichen Leben durch fehlende Mitbestimmungschancen im Beruf kontrastiert würden. Dieser Gegensatz stellte für Borm einen gravierenden Mangel persönlicher Freiheit dar, deren Wert werde einschränkt.

Zwei Positionen prallten aufeinander. FDP-typische Koexistenz beider Haltungen war kaum möglich. Beide begründeten ihre Position mit der Sicherung der individuellen Rechte des Bürgers. Im Hintergrund stand die Frage über den Kurs der Liberalen. Ein Schwenk auf die Linie Borms provozierte den Verlust eines Großteils der bisherigen Wähler. Mit der bisherigen Klientel der FDP war Borms Anstoß nicht umsetzbar; er forderte einen weitgehenden und risikovollen Wähleraustausch. Der Ansatz Bahners grundierte hingegen den traditionellen Standort der Liberalen. Ihre Stammklientel bediente er mit der Verteidigung des freien Unternehmertums.

Der Richtungsstreit erfuhr eine Entscheidung zugunsten Bahners. Dem Eindruck, in der FDP finde ein „Linksrutsch" statt, suchte die Parteiführung durch Härte in der Mitbestimmungsfrage abzufedern.[329] Ungeachtet der grundsätzlichen Differenzen zwischen der Bundespartei und ihrem konservativen bayerischen Landesverband,[330] dessen Vorsitzender Dietrich Bahner war, tendierte die Parteiführung in Bonn an diesem Punkt zur Zurückhaltung gegenüber einer Neupositionierung. Zwar ging sie nicht mit der Härte des Bayern konform – er sah keinerlei Reformbedarf – aber beide einte die Unnachgiebigkeit gegenüber einer Ausweitung der Montanregelung auf andere Branchen.

Die FDP befand sich mit ihrer Ablehnung in wachsender parteipolitischer Isolation. Trat die SPD ohnehin für eine Ausweitung der Mitbestimmung ein, gewann auch der Arbeitnehmerflügel der CDU/CSU in der Großen Koalition an Gewicht. In der ersten Regierungserklärung Kanzler Kiesingers mussten die FDP-Parlamentarier vernehmen: „Die Bundesregierung wird eine Kommission unabhängiger Sachverständiger berufen und sie mit der Auswertung der bisherigen Erfahrungen bei der Mitbestimmung als

---

[327] Dietrich Bahner (Anm. 325), S. 432/433.
[328] William Borm (Anm. 326), S. 434.
[329] Vgl. Georg A. Kötteritzsch (Anm. 31), S. 490.

Grundlage weiterer Überlegungen beauftragen."[331] Die „Biedenkopf-Kommission" war für die FDP ein zweischneidiges Schwert: Auf der einen Seite verlagerte sich die Debatte aus dem öffentlichkeitswirksamen Bundestag in eine stillere Expertenatmosphäre, andererseits vertagte ihre Bildung die Diskussion nur.

Das Thema wurde in der FDP auch als Kampfmittel verwand. So warf Mende Ralf Dahrendorf vor, dieser vertrete einen Standpunkt, der stärker an die Gewerkschaftsseite als an die der Unternehmer angelehnt sei.[332] Dahrendorf selbst hielt von einem Ausbau der Mitbestimmungsregelung nichts, für ihn stellten sie leere Formeln dar. Jedoch bemängelte er, dass Entscheidungen für die Arbeitnehmer fern blieben, ihnen persönliche Mitbestimmung fehle.[333] Allein diese Versäumnisse anzuprangern, trug ihm den Vorwurf der Gewerkschaftsnähe ein. Dieser Tadel Mendes wies auf die Differenz zwischen Anspruch und Wirklichkeit hin. Wenn es ein Vorwurf sein konnte, gewerkschaftsnahe Positionen zu vertreten, wie konnte eine Partei Arbeitnehmer gewinnen?

Zogen sich die Liberalen auf eine abwartende Haltung zurück, bzw. nutzten sie die Ablehnung einer Ausweitung Betrieblicher Mitbestimmung als Mittel bisherige Wähler von der Kontinuität ihrer Politik zu überzeugen, ging der DJD weiter. Auf dem Bundesjugendtag 1967 sahen die jungen Liberalen im Betriebsverfassungsgesetz noch einen brauchbaren Ansatz.[334] Bereits der folgende Programmentwurf für den Parteitag 1968 setzte neue Akzente. Als „Diskussionsbeiträge zum Entwurf eines liberalen Grundsatzprogramms"[335] konzipiert, forderte der DJD: „Der Arbeitnehmer muß aus einem Befehlsempfänger zu einem vollwertigen Wirtschaftsbürger werden." Hierfür sollten allen Arbeitnehmern „neue Mitwirkungsrechte"[336] eingeräumt werden. Der DJD zielte auf eine breitere Eigentumsstreuung. Anstelle eines rein arbeitsrechtlichen Verhältnisses zum Betrieb sollte der Einzelne betriebsgesellschaftliche Anteile erwerben. Mitbestimmung wurde über die Schaffung von Eigentum angestrebt, ein liberales Essential.

---

[330] Vgl. ebd. S. 449-456.

[331] Regierungserklärung Kiesingers am 13.12.1966, in: AdG (Anm. 133), S. 4156.

[332] In strenger Klausur kam es bei der FDP zum Streit, in: Die Welt vom 27.6. 1968. Zit. nach: Ossip K. Flechtheim (Anm. 21), Bd. 6/1, S. 429.

[333] Vgl. Ralf Dahrendorf (Anm. 112), S. 150/151.

[334] Vgl. Georg A. Kötteritzsch (Anm. 31), S. 458.

[335] Vgl. Programm´68 – Diskussionsbeiträge zum Entwurf eines liberalen Grundsatzprogramms. Vorgelegt vom Bundesverband der Deutschen Jungdemokraten, in: Schriftenreihe des Bundesverbandes der Deutschen Jungdemokraten, o.O., o.J. Zit. nach: Ossip. K. Flechtheim (Anm. 21), Bd. 6/1, S. 383-399.

[336] Ebd. S. 389.

Als dem vorgelegten Antrag auf dem Parteitag kein Erfolg beschieden war – die FDP vertagte die Verabschiedung eines neuen Grundsatzprogramms – radikalisierte sich der DJD. Die Annäherung zwischen FDP und APO hatte nicht den Gewinn neuen Anhangs gebracht, infizierte aber die Jungdemokraten mit den Ideen der Studentenbewegung.[337]. Die Beschlüsse auf dem Bundesjugendtag 1968, die auch die paritätische Regelung der Montanmitbestimmung als „scheindemokratisch" ablehnten und systemüberwindende Veränderungen beinhaltete, sorgten für eine Entfremdung zwischen der FDP und ihrem Jugendverband.[338] Deren marxistische Rhetorik verbaute ihnen, am Willensbildungsprozess in der FDP teilzunehmen. Der Bruch zwischen Mutterpartei und Jugendvertretung nahm Gestalt an, der Landesverband Bremen vollzog ihn im Mai 1969, im Vorfeld der Bundestagswahl.

Nachdem der DJD als Signalgeber ausschied, blieb die Redaktion der Zeitschrift „liberal" übrig. Chefredakteur Rolf Schroers - selbst kein Anhänger einer Ausweitung[339] – bot das Blatt als Diskussionsforum an. In einem Brief an den Vorsitzenden des sozialpolitischen Bundesfachausschusses Volrad Deneke schrieb er, dass „wir gut daran tun, die Diskussion über die Mitbestimmung weder Außenseitern noch den anderen Parteien völlig zu überlassen. Je eher wir, wenn auch nur auf diskutierende Weise, eigene Überlegungen zur Debatte stellen, desto kräftiger wird der Mitsprache-Titel auch für die FDP, die ja öffentlich kaum über das Nein hinausgekommen ist".[340]

Das Ergebnis war kaum als Erfolg zu bezeichnen. Volrad Deneke monierte in einem Beitrag, dass „in diesem Themenbereich wissenschaftlich exakte Untersuchungsergebnisse über Tatbestände so gut wie gar nicht existieren".[341] Gleich zum Auftakt drückte der Liberale seine Skepsis gegenüber der Diskussion aus. Er stellte in den Raum, dass das bisherige Verhältnis zwischen Unternehmenseigner und Arbeitnehmer durch ein Dreiecksverhältnis aus Eigner (Faktor Kapital), Management (Faktor Betriebsleitung) und Arbeitnehmer (Faktor Arbeit) abgelöst worden sei.[342] An die Stelle der bisherigen Sozialpartnerschaft trete Interdependenz zwischen den drei Beziehungsfaktoren. Die Mitbestimmungsfrage verlöre ihre Grundlage. Bemerkenswert an dem Artikel war der

---

[337] Vgl. Daniel Koerfer (Anm. 33), S. 79.
[338] Vgl. Georg A. Kötteritzsch (Anm. 31), S. 468.
[339] Vgl. Ulrich Josten (Anm. 34), S. 323.
[340] Zit. nach: Ebd.
[341] J.F. Volrad Deneke: Mitverantwortung und Mitbestimmung, in: liberal 10 (1968), S. 804.

abschließende Absatz: „Die vorstehenden Gedanken wollen nicht mehr sein als Fragen, als Anregungen.“[343] Volrad Deneke, der Vorsitzende des sozialpolitischen Bundesfachausschusses, verzichtete auf einen aktiven Part in der Debatte. Eine fruchtbare Diskussion löste er mit seinem Beitrag nicht aus.

Der neue Parteivorsitzende Walter Scheel vertrat die Sicherung der bisherigen Regelung zur Wahrung der Funktionalität der Unternehmen. Stattdessen sah Scheel in der herrschenden Drittelparität ein probates Mittel, den Arbeitnehmern Gehör zu verleihen. Die in der Bundesrepublik herrschende Sozialverfassung sei modern und fordere keine Veränderungen.[344] Eine Ausweitung der Regelung behindere den Anreiz, Eigentum zu schaffen und wirke wettbewerbsfeindlich.[345] Weiterhin wies der Parteivorsitzende im Gespräch mit dem DGB-Vorsitzendem Ludwig Rosenberg und den Abgeordneten Helmut Schmidt (SPD) und Hans Dichgans (CDU) darauf hin, dass der Betriebseigner die Verantwortung für die Existenz der Firma trage, während dem Arbeitnehmer in einer Krisensituation ein Arbeitsplatzwechsels bliebe. Die Risiken seien ungleich verteilt, was die gegenwärtigen Entscheidungsstruktur legitimiere. Notwendigkeit von Reformen – jenseits der Eigentumsförderung – verneinte der Parteivorsitzende.

In den Leitsätzen für die Bundestagswahl 1969 versprachen die Liberalen Beteiligungsmöglichkeiten für alle Bürger. Sie bekannten: „Wie in der politischen, so müssen auch in der wirtschaftlichen Ordnung die fortschreitende Entwicklung des Ganzen und die Teilnahme des einzelnen gewährleistet sein“.[346] Individuelle Mitwirkungsrechte waren durchzusetzen. Die paritätische Mitbestimmung der Montanindustrie galt nicht als Vorbild, da diese „neue Machtkonzentrationen [fördert], ohne den Freiheitsspielraum des einzelnen zu erweitern.“[347] Das Ziel der Freien Demokraten, „die Mitwirkung und Mitverantwortung der Arbeitnehmer in den Betrieben [zu] stärken“[348], beinhaltete nicht paritätische Mitbestimmung, sondern allein, breitere Informationsmöglichkeiten zu erhalten. An die Stelle der bisherigen Wirtschaftsausschüsse sollten Technisch-Wirtchaftliche

---

[342] Vgl. ebd. S. 807.
[343] Ebd. S. 808.
[344] Vgl. Walter Scheel, in: Heiner Radzio (Hrsg.): Warum Mitbestimmung – und wie? Eine Diskussion, Düsseldorf/Wien 1970, S. 45.
[345] Ebd. S. 79.
[346] Praktische Politik für Deutschland – Das Konzept der F.D.P. (Anm. 20), S. 113.
[347] Ebd. S. 111.
[348] Ebd. S. 112

Ausschüsse treten, welche „dem einzelnen Beschäftigten ermöglichen, auf Organisation und Leitung des Betriebs einzuwirken".[349] Über diese schwammigen Formulierungen ging das Programm nicht hinaus. Allein die Ablehnung der paritätischen Mitbestimmung blieb als Ergebnis der Schrift festzuhalten. Die grundsätzliche Skepsis der Liberalen gegenüber einer Ausweitung der bisherigen Zustände zwang die Partei zum Lavieren, gleichzeitig blieb das Thema in der Öffentlichkeit virulent. Hatte der Vorentwurf des Jahres 1968 den Begriff „Mitbestimmung" noch enthalten, ersetzte ihn in der endgültigen Fassung der Ausdruck „Mitwirkung".[350] Das Programm wirkte unbestimmter.

Auf dieser Linie befand sich auch der Gesetzentwurf der FDP von 1969.[351] Die Ausweitung der Montanregelung auf die übrigen Industriebranchen lehnte er ab, empfahl die Ausschöpfung des Betriebsverfassungsgesetzes. Der Fraktionsvorsitzende Wolfgang Mischnick begründete das Papier, dass die Besetzung der Aufsichtsratsposten durch betriebsfremde Gewerkschafter die zügige Anpassung an verändernde Umfelder verhindere und eine Entindividualisierung des Arbeitnehmers fördere. Persönliche Interessen der Mitarbeiter könnten durch unternehmensfremde Berufsgewerkschafter kaum vertreten werden, und die Wirtschaft verlöre im internationalen Wettbewerb Boden.[352] Auch hier eine Wiederholung liberaler Essentials. Das Papier sollte dokumentieren, dass sich die FDP sich mit der Frage beschäftige und zweitens dem Antrag der SPD einen Entwurf entgegenhalten. Der Bundestag verwies beide Entwürfe in die Fachausschüsse, wo sie bis zum Ende der Legislaturperiode liegen blieben.

Die Liberalen standen vor einem Dilemma Der Weg zurück in die Bundesregierung führte mit großer Sicherheit nur über eine sozial-liberale Koalition.[353] In der wichtigen Frage der Wirtschafts- und Sozialpolitik wiesen die Ziele beider Gruppierungen aber auseinander. Gewinner des Konflikts drohte die Union zu werden, da, so der rheinland-pfälzische Ministerpräsident Helmut Kohl, eine sozial-liberale Koalition an der Mitbestimmungsdiskussion scheitern müsse.[354] Die These war berechtigt. Helmut Schmidt bezeichnete die FDP-Wirtschaftspolitik schlicht als „reaktionär".[355]

---

[349] Ebd.
[350] Vgl. Daniel Koerfer (Anm. 33), S. 157.
[351] Vgl. Deutscher Bundestag, 5. Wahlperiode, Drucksache V/4011.
[352] Vgl. Konrad Stollreither (Anm. 43), S. 160.
[353] Vgl. dazu Kap. 5 in dieser Arbeit.
[354] Vgl. Georg A. Kötteritzsch (Anm. 31), S. 517.
[355] Zit. nach: Ebd. S. 523.

Wenige Wochen vor der Bundestagswahl veröffentlichte „liberal" einen Beitrag zur Debatte.[356] Der Autor Hans Schäfer deutete Reformbedarf an: „Dem Menschen muß dort, wo ihm aufgrund gesellschaftlicher Vorstellung a priori eine Objektstellung zugewiesen wird, die Möglichkeit gegeben werden, diese gegen eine Subjektstellung zu vertauschen; ihm ist also tatsächlich – wie es das Grundgesetz fordert – das Recht auf freie Entfaltung seiner Persönlichkeit zu gewähren."[357] Abstrakte Rechte waren mit Leben zu füllen, oder, um mit dem oft rezipierten Friedrich Naumann zu sprechen: „Aus Industrieuntertanen sollen Industriebürger gemacht werden".[358] Das Selbstbewusstsein der Arbeitnehmer zu stärken, forderte „faktische Gleichberechtigung".[359] Die nötige Qualifikation betriebsfremder Aufsichtsratsmitglieder zur Austragung von Konflikten zweifelte Schäfer an.[360] Stattdessen – hier differierte er mit der FDP-Position – schlug er einen Verteilungsschlüssel der Aufsichtsratssitze vor, der Betriebseigner und Arbeitnehmervertreter mit jeweils 40 Prozent beteiligte, während die restlichen 20 Prozent plus einem weiteren Sitz an Vertreter des öffentlichen Interesses gehen sollten.[361] Auf eine Beschreibung, wie die dritte Kraft zu wählen sei, verzichtete Schäfer. Der Artikel bedeutete einen Schritt in Richtung SPD. Zwar lehnte er die Teilnahme betriebsfremder Gewerkschafter ab, beinhaltete aber eine paritätische Mitarbeit von Arbeitnehmern und Betriebseignern.

Im Vorfeld der Bundestagswahl erinnerte die Mitbestimmungsfrage an die gesellschaftspolitischen Unterschiede zwischen der FDP und dem potenziellen Koalitionspartner SPD. Wenige Tage vor dem Urnengang stellte Walter Scheel im „Spiegel" fest, dass der Streitpunkt eine Verbindung aber nicht verhindern werde. Die Begründung war aus Scheels Sicht ganz einfach: „Die SPD kann die in der Montanindustrie eingeführte Sonderform der Mitbestimmung weder mit der CDU/CSU noch mit uns auf andere Wirtschaftsbereiche ausweiten. Dazu müsste sie die absolute Mehrheit haben."[362] Alternativ „entdeckte" er die Gruppe der leitenden Angestellten. Für Großbetriebe schwebte ihm eine Drittelparität aus Kapitaleignern, Arbeitnehmern und leitenden Angestellten vor.[363]

---

[356] Vgl. Hans Schäfer: Kybernetik des Unternehmens und die Mitbestimmung, in: liberal 11 (1969), S. 429-440.
[357] Ebd. S. 429.
[358] Zit. nach: Ebd.
[359] Ebd. S. 431.
[360] Vgl. ebd.
[361] Ebd. S. 439/440.
[362] „Mitbestimmung ist kein Hindernis", in: Der Spiegel 23 (1969), H. 39, S. 32.
[363] Vgl. ebd.

Seine Begründung war merkwürdig: das Management trage durch seine unternehmerische Initiative zum wirtschaftlichen Erfolg des Unternehmens bei und sei deshalb an den Kontrollgremien zu beteiligen. Doch zum einen trugen sie nicht die geschäftliche Verantwortung – ein Betriebswechsel stand ihnen offen – zum anderen war schwer zu begründen, warum sie eine eigene Beteiligung neben den anderen abhängig Beschäftigten erhalten sollten. Grundsätzlich trug jeder Arbeitnehmer seinen individuellen Teil zum Erfolg des Unternehmens bei, Differenzierung erschien da anachronistisch. Verständlich erschien die Initiative des Parteivorsitzenden, da der Vorschlag eine der wichtigsten Unterstützergruppen der FDP ansprach. Kurz vor dem Wahlgang stellte Scheel einen Bonus für sie in Aussicht. Gleichzeitig sicherte er – Einigkeit von Unternehmenseigner und Betriebsleitung vorausgesetzt – die bisherigen Mehrheitsverhältnisse.

Beide FDP-Programmschriften der Oppositionszeit verwiesen auf die Notwendigkeit, das Betriebsverfassungsgesetz zu überarbeiten, oder besser, in Vollzug zu setzen. Die FDP beabsichtigte, durch vorsichtige Veränderungen legitimitätssichernde Politik zu betreiben. Klare inhaltliche Aussagen fanden sie aber nur, wenn die Ausweitung der paritätischen Mitbestimmung der Montanindustrie auf andere Branchen ablehnt wurde. Weitergehende Ansätze versandeten durch mangelnde Glaubhaftigkeit ihrer Vertreter – wie im Fall der Jungdemokraten – oder gewannen keine Mehrheit in der Partei.

Die Parteitage erwiesen sich als hinderlich für eine sachgerechte Diskussion. Zunächst, „weil sie (...) auf vielerlei taktische und psychologische Rücksichten festgelegt sind"[364], zugleich auch vor dem Hintergrund, dass auf dem Parteitag 1967 die Ost- und Deutschlandpolitik das Feld dominierte, während die folgenden Treffen innerparteiliche Einigkeit dokumentieren sollten.[365] Das wirtschaftspolitische Programm blieb in den alten Bahnen behaftet. Es orientierte sich an den Wünschen der eigenen veränderungsunwilligen Klientel. Die Wahlplattform 1969 berücksichtigte in ihren Aussagen die Sorgen der Unternehmer, während die Interessen der Arbeitnehmer nur durch interpretationsfähige Sätze abgehandelt wurden.[366]

---

[364] Barthold C. Witte: Wider die behagliche Situation, in: liberal 11 (1969), S. 359.
[365] Ein möglicher Konflikt zwischen reformwilligem DJD und offizieller Parteilinie wurde durch die Verschiebung des Antrags der Jungdemokraten in den zuständigen Partei-Ausschuss abgebogen. Im Vorfeld der Bundestagswahl stand das Thema nicht mehr auf dem Portefeuille. Vgl. Kunst des Timings, in: Der Spiegel 23 (1969), H. 27, S. 30.

5. Das Verhältnis der FDP zu SPD und CDU/CSU

Nach der Koalitionsvereinbarung von 1966 und der Regierungserklärung des neuen Bundeskanzlers Kurt-Georg Kiesinger drohte den Liberalen durch eine Wahlrechtsreform das Ende ihrer parlamentarischen Existenz. Zusätzlich überschatteten Ereignisse vor und während des Bruchs der christlich-liberalen Koalition die Beziehungen zwischen Freien Demokraten und den beiden Volksparteien. Auf der einen Seite belasteten die Zerwürfnisse der ehemaligen Partner eine mögliche Annäherung an die CDU/CSU, andererseits förderte die innere Struktur der Liberalen und ihre jahrelange einseitige Orientierung auf bürgerliche Bündnisse die ablehnende Haltung der SPD.[367] Das Band zwischen den Volksparteien und der FDP riss aber nicht völlig ab. Regierungskoalitionen in den Ländern hielten sie im politischen Geschäft. Zwar steckten die Liberalen die Schläge ein, in ihrer südwestdeutschen Heimat Baden-Württemberg und kurze Zeit später in West-Berlin in die Opposition verdrängt zu werden, doch beinahe gleichzeitig bestätigte sie ihre Regierungsbeteiligung im bevölkerungsreichen Nordrhein-Westfalen, wo sie statt mit der CDU nun mit der stärksten Partei, den Sozialdemokraten, koalierte. Die Große Koalition hatte die FDP aus der Bundesregierung gedrängt, aber in fünf Ländern stellten die Freien Demokraten Minister. Während sie in Nordrhein-Westfalen und Bremen mit der SPD Kabinette bildete, verband sie sich in Rheinland-Pfalz, dem Saarland und in Schleswig-Holstein mit der CDU. Eine einseitige Entscheidung auf eine der beiden Optionen traf die FDP nicht. Die auf Bundesebene praktizierte Emanzipierung – gepaart mit zu dokumentierender Sachkompetenz in den Ländern – eröffnete die Möglichkeit, die FDP als programmatische Alternative zu etablieren.

Die Wahlrechtsfrage überschattete die Beziehungen zwischen den Freien Demokraten und den Großkoalitionären während des gesamten Untersuchungszeitraums. Die Abstimmung über die Bundespräsidentschaft und der Bundestagswahlkampf standen unter dem Signum der schwelenden Debatte. Die Liberalen hatten jene Kräfte zu stützen, die sich gegen die Reform einsetzten. Eigenständiges Agieren versprach aufgrund der Mehrheitsverhältnisse kaum Erfolg. Im Unkehrschluss bedeutete dies, dass Befürworter des Verhältniswahlrechts große Sympathien bei den Protagonisten der FDP gewinnen konnten.

---

[366] Vgl. Daniel Koerfer (Anm. 33), S. 157.

Die Gefahr einer Annäherung zwischen SPD und FDP für den Fall, dass die Union das Projekt allein betreibe, erkannten u.a. der nordrhein-westfälische CDU-Vorsitzende Hans Scheufelen und Altbundeskanzler Konrad Adenauer.[368] Die Skepsis des Pragmatikers Adenauer, der in den fünfziger Jahren für eine Reform eingetreten war, wies auf die Brisanz des Themas hin. Der Ehrgeiz, die lästige Große Koalition durch eine Verbindung mit einer kleinen und durch die ständige Wahlrechtsdrohung gezähmten FDP abzulösen, bildete einen potenziellen Spaltpilz für die Bundesregierung.[369] Dieses Modell konnte attraktiver erscheinen, als auf einen positiven Ausgang einer zukünftigen Mehrheitswahl zu vertrauen.[370] Aber gerade die Union vertrat mit Vehemenz die Einführung des Mehrheitswahlrechts, mit der Bundesinnenminister Lücke seine politische Zukunft verband.[371]

So drückte Arnulf Baring die Lage der Liberalen eindrücklich aus: „Sie waren Ende 1966 in eine außerordentlich gefährliche Lage geraten: in die politische Isolation. Ohne Übertreibung lässt sich sagen, daß sie damals den sicheren Tod vor Augen hatten.“[372] Der Beginn liberaler Äquidistanz ließ sich nicht gut an. Das zunächst gute Verhältnis zum neuen Koalitionspartner ließ die Union die FDP „vergessen“.[373] Auch in der SPD überwogen nach den gescheiterten Konsultationen 1966 die negativen Stimmen über die Freien Demokraten. So gewann die FDP den Bewegungsspielraum, den sie sich gewünscht hatte; dies aber aufgrund einer aus liberaler Sicht ungünstigen Konstellation: Von beiden Volksparteien war sie gleich *weit* entfernt.

Symptomatisch für die „Unabhängigkeitserklärung“ der Liberalen war, dass sie sich in ihren programmatischen Aussagen nicht auf Haltungen der Großparteien zu beziehen gedachte. Ihr Kurs sollte unverwechselbar sein, was aber nicht durchgängig gelang. Die einzige reale Chance, in absehbarer Zeit in die Bundesregierung zurückzukehren und eine Wahlrechtsänderung zu verhindern, war eine Koalition mit Union oder SPD. Ganz

---

[367] Besonders galt dies für Herbert Wehner. Vgl. Arnulf Baring (Anm. 30), S. 44-48.

[368] Vgl. Georg A. Kötteritzsch (Anm. 31), S. 506/507.

[369] Gefördert wurde dies durch den Umstand, dass die beiden führenden Personen Kiesinger und Brandt bis 1966 in Baden-Württemberg bzw. West-Berlin Koalitionen mit der FDP führten, was aufgrund ihrer Erfahrungen die Berührungsschwelle zu den Liberalen verringerte.

[370] Im besonderen galt dies für die SPD, die anfangs dem „Genossen Trend“ vertrauend von einer unabänderlichen Überrundung der Union ausging. Eine Studie des Infas-Instituts widersprach aber dieser These. Vgl. Arnulf Baring (Anm. 30), S. 111; Eckhard Jesse (Anm. 15), S. 121.

[371] Nachdem die SPD das Projekt auf einen Termin nach der Bundestagswahl 1969 verschob, zog Lücke die Konsequenzen und erklärte seinen Rücktritt. Vgl. Eckhard Jesse (Anm. 15), S. 122.

[372] Arnulf Baring (Anm. 30), S. 95.

[373] Ebd.

hoffnungslos musste die Lage für die Liberalen aber nicht erscheinen, schließlich beschränkte sich die Forderung einer Wahlrechtsreform auf Initiativen nach Bildung der Großen Koalition. Während der Gespräche der Vertreter von SPD und Union mit der FDP war das Thema ausgeklammert worden, forderte kein entschlossenes Handeln, war keine „staatspolitische Notwendigkeit".[374] Sollte die FDP zurück auf die Regierungsbänke gelangen, durfte die Reform in den Schubladen verschwinden.

Aus welchem Blickwinkel betrachteten die Politiker beider Volksparteien die liberale Opposition? Für die Union stand die FDP außerhalb des Interessenfelds. Die guten Ergebnisse bei den Wahlen bis 1965 und bei den Landtagswahlen 1967 und 1968 ließen mit großem Optimismus auf den Wahlgang im September 1969 blicken. Das Ziel bildete weder die Fortsetzung der Großen Koalition, noch die Rückkehr zum christlich-liberalen Bündnis, sondern der Gewinn einer selbstständigen Mehrheit.[375] Die Strategie der Freien Demokraten schätzten die Unionspolitiker dabei falsch ein. Die Spitzen der Hauptregierungspartei glaubten in ihrer Mehrheit an die Äquidistanz der FDP.[376] Dabei hätten verschiedene Äußerungen als Warnsignal verstanden werden müssen. Wenige Wochen vor dem Urnengang 1969 erklärte Walter Scheel im „Spiegel": „Für die CDU ist Staat und Partei eine Einheit: sie unterscheidet zwischen Edlen und Unedlen."[377] Die Äußerungen über programmatische Kompatibilität zwischen FDP und CDU/CSU bzw. SPD deutete Präferenzen an. Das Versprechen „Sie [FDP] ist aber durchaus in der Lage, mit jeder der beiden anderen Parteien (...) eine Regierungsmehrheit zu bilden" schränkte er gleich ein: „wenn sich eine gemeinsame Politik vereinbaren lässt".[378] Diese allgemeine Feststellung forderte Nachfragen zur Haltung in einzelnen programmatischen Feldern heraus. In der Ost- und Deutschlandpolitik, die für Scheel eine „entscheidende Rolle"[379] spielte, stellte er fest: „In diesem Bereiche gibt es sicherlich zwischen SPD und FDP mehr gemeinsame Überzeugungen als zwischen CDU/CSU und FDP."[380] Auf der anderen Seite verzichtete er auf klare Aussagen, welche Gebiete eine Zusammenarbeit mit der Union nahe legten.

---

[374] Vgl. Eckhard Jesse (Anm. 15), S. 117.
[375] Vgl. Georg A. Kötteritzsch (Anm. 31), S. 519/520.
[376] Vgl. ebd. S 518.
[377] „Mit einer Stimme Mehrheit in die Regierung", in: Der Spiegel 23 (1969), H. 32, S. 26.
[378] Ebd. S. 29.
[379] Ebd.
[380] Ebd.

Anders stellte sich die Situation für die SPD dar. Die Konsultationen 1966 misslangen zwar, das Tischtuch war aber nicht zerschnitten. Selbst die Wahlrechtsdiskussion könnte ein Ablenkungsmanöver gewesen sein. Nachdem Willy Brandt vor der SPD-Bundestagsfraktion schon Ende 1966 eine Reform für 1969 abgelehnt hatte, möchte Kötteritzsch nicht ausschließen, dass Herbert Wehner die Union die ganze Zeit zum Narren hielt.[381] Inhaltliche Kongruenz in der Deutschlandpolitik förderte die Nähe zwischen den beiden Parteien. Zugleich wurden gegen die SPD Opportunismusvorwürfe geschleudert. So warf ihr Klaus Menzel vor: „Von der SPD in der parlamentarischen Opposition verlangte die veränderte politische Konstellation [gemeint ist die veränderte internationale Lage] eine klare Entscheidung. (...) Deutschlands Sozialdemokratie traf die Entscheidung, die ihre jahrzehntelange Tradition ihr nahelegte: Sie kapitulierte. Fortan war die Bildung einer Regierung aus Christ- und Sozialdemokraten nur noch eine Frage der Zeit."[382]

Ungeachtet, ob sich die FDP die Legitimation erwarb, über andere zu richten, wichtige Ausgangsbedingungen wiesen frühzeitig auf die Nähe beider Parteien hin. Der „Vorwärts" wertete den Führungswechsel in der FDP als „hoffnungsvolles Signal neuer Koalitionspolitik".[383] Der Widerstand der SPD-Basis gegen die Bildung der Großen Koalition setzte die Führung unter Druck, sich nicht dauerhaft auf eine Bindung mit der Union festzulegen. Die CDU/CSU, die „ewige" Kanzlerpartei, erschien nicht geeignet, einen Reformkurs einzuschlagen. Nach zwanzig Jahren auf der Regierungsbank sprach viel dafür, ihr in der Opposition Regenerationszeit zu gewähren.

Der wichtigste Schritt der FDP, ihre beidseitige Offenheit zu präsentieren, war die Bundespräsidentenwahl 1969.[384] Die Uneinigkeit der Großkoalitionäre – zwei Bundesminister traten gegeneinander an – schenkte der FDP die Funktion, „Zünglein an der Waage" spielen zu dürfen. Erstmals seit zweieinhalb Jahren wurden sie zu einer Entscheidung auf Bundesebene benötigt, und das bei einer Schlüsselfrage. Zugleich bedrohte diese Chance die Partei existenziell. Zerfiel sie bei diesem Urnengang, lieferte sie

[381] Vgl. Georg A. Kötteritzsch (Anm. 31), S. 526/527; Für die These spräche, dass Wehner schon 1962 die Bedeutung der Wahlrechtsfrage für die Union erkannt haben soll. Vgl. Arnulf Baring (Anm. 30), S. 110.

[382] Klaus Menzel: Die große Kapitulation, in: liberal 10 (1968), S. 183/184.

[383] Zit. nach: Georg A. Kötteritzsch (Anm. 31), S. 535; Ebenso äußerte sich im Rückblick Willy Brandt, vgl. ders. (Anm. 228), S. 295.

[384] Vgl. zu Kandidatenfindung und Umständen der Abstimmung: Arnulf Baring (Anm. 30), S. 102-123; Ebenso: Georg A. Kötteritzsch (Anm. 31), S. 485-497.

das beste Argument ihrer Überflüssigkeit. Verhalf sie in diesem Fall durch das vorgegebene Stimmenverhältnis dem Unionskandidaten Gerhard Schröder zum Sieg, durfte sie keinen „Dank" erwarten, schließlich hätte die FDP ihn nicht geschlossen unterstützt. Außerdem, wie sollte der „Dank" einer Gruppierung aussehen, die sich auf eine eigene Mehrheit konzentrierte und sich kaum für die FDP interessierte? Gelang dagegen eine geschlossene Abstimmung zugunsten des Sozialdemokraten Gustav Heinemann, hatte die FDP ein Zeichen gesetzt, hatte erstmals in einer staatspolitisch herausragenden Frage an der Seite der SPD gestanden. Mit dieser Wahl konnte sie versinnbildlichen, dass sie aus dem Bürgerblock der Vergangenheit ausgebrochen war.

Trotz des guten Verhältnisses zwischen Walter Scheel und Gerhard Schröder[385] stützte der FDP-Vorsitzende den Gegenkandidaten Heinemann. Er wünschte, die eigenständige Positionierung der Liberalen nachzuweisen. Ein weiterer Aspekt sprach für den Sozialdemokraten: Nach dem Attentat auf Rudi Dutschke und den Osterunruhen 1968 hatte sich der Justizminister in einer Rundfunkansprache ans Volk gewandt und kompromissbereit erklärt, „daß wir alle uns zu fragen [haben] was wir selber in der Vergangenheit dazu beigetragen haben könnten, daß Antikommunismus sich bis zum Mordanschlag steigerte und daß Demonstranten sich in Gewalttaten der Verwüstung bis zur Brandstiftung verloren haben." Er folgerte, die Aufgabe der Zukunft bestehe darin, „uns in diesem Grundgesetz zusammenzufinden und seine Aussagen als Lebensform zu verwirklichen (...). Die Bewegtheit dieser Tage darf nicht ohne guten Gewinn bleiben."[386] Ohne die Unruhen zu verharmlosen, verwies Heinemann auf Reformbedarf in der Bundesrepublik. Versagte ihm die FDP ihre Unterstützung, machte sie sich unglaubwürdig.

Nachdem die Wahl Heinemanns durch den persönlichen Einsatz Scheels erfolgt war, veränderte sich die Betrachtung der FDP durch Führung und Basis der SPD. Helmut Schmidt, für den eine sozial-liberale Kanzlerschaft Brandts das Ende eigener Ambitionen bedeuten konnte, und Herbert Wehner stemmten sich nur noch bedingt gegen die Annäherung zwischen den beiden Parteien. Erstmals seit 1961 wurde die FDP von den Anhängern der SPD höher als von den Wählern der CDU/CSU eingeschätzt. Auch im

---

[385] Vgl. Arnulf Baring (Anm. 30), S. 115/116.
[386] Zit. nach: Ebd. S. 70/71.

umgekehrten Fall stiegen die Sympathiewerte der FDP-Wähler für die SPD an und überholten die Ziffern für die Unionsparteien.[387]

Die Basis für ein Bündnis aus SPD und FDP war gegeben, die programmatische Unterfütterung fehlte noch. Zentral stand die Forderung im Raum, dass ein größtmöglicher
Teil der Inhalte der Wahlplattform umgesetzt werden sollte. Dabei legte Scheel großen
Wert darauf, dass die FDP nicht aus opportunistischen Gründen zurück ins Kabinett
dränge. Er warf im besonderen der SPD vor, „daß andere, große Parteien ihren Standpunkt in entscheidenden Fragen als Partner einer Regierungskoalition völlig aufgegeben
haben".[388] Für die Freien Demokraten sollte dies nicht gelten. Nachdem sie versucht
hatten, sich in der Opposition ein neues Gesicht zu geben, durften sie nicht den Eindruck
vermitteln, erneut als Funktionspartei zu operieren, die primär an der Machtteilhabe
interessiert sei. Während aber Kiesinger geheimnisvoll andeutete, die Liberalen seien
letztlich doch „Umfaller",[389] gab Brandt der FDP den Hinweis, zunächst gehe es um den
Ausbau des Betriebsverfassungsgesetzes und erst in zweiter Linie um die paritätische
Mitbestimmung.[390] In einem potenziellen Konfliktfeld für eine sozial-liberale Koalition
zeigte sich die SPD gegenüber den programmatischen Wünschen der FDP aufgeschlos-
sen. Sie zielte im Unterschied zur Union nicht auf den Gewinn einer selbstständigen
Mehrheit und war so gezwungen, der FDP inhaltlich entgegenzukommen.

Programmatische Nähe zwischen den beiden Parteien dokumentierten die Medien wiederholt. Heinrich Fuhr verwies in einem Beitrag in „Gesellschaftspolitische Studien" und
„liberal" besonders auf die Bildungs- sowie die Ost- und Deutschlandpolitik.[391] Er befürchtete gar, dass die SPD auf ihrem Nürnberger Parteitag in der Grenzfrage die progressiv auftretende FDP programmatisch überholt habe.[392] Brandts Formulierung ent-

---

[387] Vgl. zu den Zahlen: Hans D. Klingemann/Franz Urban Pappi: Die Wählerbewegungen bei der Bundestagswahl am 28. September 1969, in: PVS 11 (1970), S. 129.
[388] „Mit einer Stimme Mehrheit in die Regierung" (Anm. 377), S. 30.
[389] Im „Spiegel" sagte der Kanzler: „Es kommt letztlich darauf an, wie standfest die Freien Demokraten
(...) sind." Auf Nachfrage ergänzte er nur knapp: „Ich will es bei meiner Bemerkung bewenden lassen."
Vgl. Falls man mir ein Kränzchen flicht..., in: Der Spiegel 23 (1969), H. 37, S. 28.
[390] Bißchen siegen, in: Ebd. S. 33.
[391] Hier nach liberal. Vgl. Heinrich Fuhr: FDP im Außenspiegel, in: liberal 10 (1968), S. 459-463.
[392] Brandt verdeutlichte in seiner Parteitagsrede 1968, dass sich aus den gegebenen Fakten „die Anerkennung bzw. Respektierung der Oder-Neiße-Linie bis zur friedensvertraglichen Regelung [ergibt]. Es
ergibt sich, daß die bestehenden Grenzen in Europa nicht durch Gewalt verändert werden dürfen und die
BRD zu entsprechenden verbindlichen Übereinkünften bereit ist." Vgl. Rede Willy Brandts auf dem 13.
Parteitag der SPD, in: AdG (Anm. 133), S. 4596/4597, hier S. 4597; Demgegenüber befürwortete Kanzler Kiesinger nur eine Rückstellung der Grenzfrage, von der die bilaterale Gespräche unabhängig statt-

sprach dem Inhalt der „Concordienformel". Selbst Planungsfreudigkeit wertete der Autor als Merkmal sozial-liberaler Ähnlichkeit, wohingegen die Mitbestimmungsfrage als „Wegscheide" einer Zusammenarbeit verstanden wurde. Mit der Feststellung weitgehender programmatischer Kongruenz blieb Fuhr nicht isoliert. Im Vorfeld der Bundestagswahl häuften sich gerade im unionskritischem „Spiegel" die Aufrufe, durch ein sozial-liberales Bündnis die CDU/CSU abzulösen. Neben einer ganzen Serie von Namensartikeln Rudolf Augsteins erschien in der letzten Ausgabe vor dem Urnengang eine Erklärung von Günter Gaus und Augstein. Beide forderten einen Kanzler Brandt an der Spitze einer SPD/FDP-Koalition, da nur diese Reformen anstoßen könne.[393] Der Öffentlichkeit suggerierten diese Beiträge, dass die Entscheidung zwischen der Union auf der einen und SPD/FDP auf der anderen Seite falle.[394] Die Große Koalition besaß aus diesem Blickwinkel keine Zukunft. Scheels Aussage „Am besten wäre, wenn die CDU einmal in der Opposition die Gelegenheit erhielte, sich zu modernisieren, und wenn gleichzeitig die SPD einmal verantwortlich führen könnte" wirkte trotzdem überraschend.[395] Die Äußerung stellte – ungeachtet der vertretenen Äquidistanz – kurz vor der Abstimmung eine deutliche Präferenz zugunsten der Sozialdemokratie dar.

Die Aufgeschlossenheit der SPD gegenüber den Forderungen der Liberalen und die Darstellung der Nähe durch die Medien verbesserte die Lage der FDP. Es gelang ihr, sich als Alternative darzustellen, obwohl sie unter den strukturellen Nachteilen einer kleinen Oppositionskraft litt: die Kontrolle der Bundesregierung gelang ihr durch ihre quantitative Schwäche kaum, die Darstellung als „Ersatzregierung" gar nicht. Sie stand nicht bereit, die Koalition abzulösen.

Ein Bündniswahlkampf zwischen CDU/CSU und SPD/FDP bildete die Chance, sich durch die Ablehnung der Union zu profilieren. Nach 1961 (Ablehnung Adenauers) und

---

finden sollten. Vgl. Rede Kiesingers vor dem deutschen Bundestag am 2.4.1968, in: Heinrich von Siegler (Hrsg.): Dokumentation zur Deutschlandfrage, Hauptband V: Chronik der Ereignisse von der Wiederaufnahme der Berlin-Diskussion Januar 1968 bis zur Regierungserklärung Brandts 1969, Bonn/Wien/Zürich 1970, S. 94-96.

[393] Fehlende Reformfreudigkeit der CDU/CSU begründeten sie: „CDU und CSU fußen auf einer Wählerschaft, deren politische Bildung geringer ist als bei den Wählern von SPD und FDP. Zu schmerzlichen Reformen fühlen sich die Unionsparteien nicht herausgefordert, weil sie auch ohne solche Anstrengung darauf rechnen können, von den überwiegend unwissenden Wählern (...) bestätigt zu werden. Vgl. Rudolf Augstein/Günter Gaus: Lieben sie Abziehbilder?, in: Der Spiegel 23 (1969), H. 39, S. 26.

[394] Gefördert wurde diese Wahrnehmung durch die tatsächliche Zerrüttung der Koalition. Die Meinungsverschiedenheiten (u.a. über die Aufwertung der Währung) dokumentierten, dass sinnvolle Zusammenarbeit kaum noch möglich war.

1965 (Ablehnung Strauß) bot sich erneut die Möglichkeit, durch Abgrenzung das eigene Profil zu schärfen. Die schlechten Umfragedaten[396] zwangen Walter Scheel kurz vor der Wahl zu einer Koalitionsaussage zugunsten der SPD. Falsch ist aber, die Äußerung Scheels im ZDF als unangekündigtes Vorbreschen zu bezeichnen.[397] Bereits früher, am 23. September, versprach er auf einer Veranstaltung „Wenn der Wähler es will und möglich macht, wird die FDP den fälligen Machtwechsel vollziehen", da die Unionsparteien durch „deutliche Verschleißerscheinungen"[398] Regeneration benötigten. Dass diese Aussage in den Medien nicht hervorgehoben wurde, was der späteren ZDF-Äußerung große Brisanz verlieh, war Scheel nicht anzulasten.[399] Im Grund war seine Äußerung konsequent, denn für die FDP konnte es nur um die größtmögliche Durchsetzung ihrer Programmatik gehen. Dabei hatte Scheel bereits im Vorfeld weitergehende inhaltliche Gemeinsamkeiten mit der Sozialdemokratie angedeutet, was im „Spiegel" in die Äußerung mündete: „Das bessere Sachprogramm, mit welchem Partner es auch erreichbar ist, würde ich persönlich bereit sein, mit der geringsten Mehrheit zu vertreten, die nötig ist: nämlich mit einer Stimme".[400] Eine Koalitionsaussage war das nicht, aber wenn er in diesem Interview Aussagen über programmatische Nähe mit der Union schuldig blieb, hingegen die ostpolitische Nähe zur SPD herausstrich, war das ein Fingerzeig.

Die Wähler hatten somit offensichtlich zwischen einer CDU/CSU-Alleinregierung und einer Koalition aus SPD und FDP zu entscheiden.[401] Die Prognose des „Spiegels" „FDP-Wähler müssen auf alles gefaßt sein"[402] traf aber insofern zu, dass nur die Scheel-FDP eine Koalitionsaussage getroffen hatte. Für den Fall, dass es zwar rechnerisch für sozialliberal eine Mehrheit gab, die FDP aber deutlich Wähler verlieren würde, gerieten die

---

[395] Zit. nach: Bißchen siegen (Anm. 390), S. 25.

[396] Bei der „Sonntagsfrage" des Allensbach-Instituts fielen die Werte der FDP zwischen Januar und September 1969 von neun auf fünf Prozentpunkte. Vgl. Elisabeth Noelle/Erich Peter Neumann (Hrsg.): Jahrbuch der öffentlichen Meinung 1968-1973, Allensbach/Bonn 1974, S. 198.

[397] Matthias Siekmeier kommentiert den Vorgang in der „Appel-Runde" folgend: „der FDP-Chef bricht jetzt nicht nur die eigenen Regeln, er brüskiert obendrein Vorstand und Fraktion, die durch den (Beinahe-) Alleingang praktisch vor vollendete Tatsachen gestellt werden." Vgl. ders. (Anm. 36), S. 420.

[398] Zit. nach: Ebd. S. 418.

[399] Vgl. ebd. S. 418/419.

[400] Mit der Feststellung, eine Stimme Mehrheit genüge, verdeutlichte er seine Entschlossenheit, einen Wandel herbeiführen zu wollen. Mit einer solch knappen Majorität setzte sich aber jede Koalition der Gefahr aus, zu scheitern. Vgl. „Mit einer Stimme Mehrheit in die Regierung" (Anm. 377), S. 31.

[401] Dies mit der Einschränkung, dass ein Parlamentseinzug der NPD die Mehrheitsbeschaffung verkomplizieren würde.

[402] Bißchen siegen (Anm. 390), S. 29.

Reformer, und mit ihnen der Parteivorsitzende, in Bedrängnis. Der Widerstand der noch immer starken Konservativen um Erich Mende, Siegfried Zoglmann und Josef Ertl war ihnen dann sicher. Walter Scheel verband mit dem Wahlausgang seine Zukunft als Parteivorsitzender. Eine Niederlage gefährdete zugleich jene programmatischen Veränderungen, die sich in der FDP durchgesetzt hatten.

So erscheint der erleichterte Ausruf Brandts am Wahlabend verständlich: „Diejenigen früheren FDP-Wähler, die eine Koalition mit der CDU wollen, die haben CDU gewählt. Diejenigen FDP-Wähler, die mit Scheel anders wollten, die haben Scheel gewählt. Man hat doch vorher gesagt: Wer FDP wählt, wählt FDP und SPD. SPD und FDP haben mehr als CDU und CSU. Das ist das Ergebnis."[403] Knapp hielt der designierte Kanzler fest, dass es ein Bündnis gegeben habe. Die Linie Scheels stellte Brandt als Haltung aller Liberaler dar. Dies war aber nur eingeschränkt der Fall. Hatten die Konservativen nach den Reformkompromissen der Wahlplattform stillgehalten, bot ihnen die Niederlage Angriffsfläche.[404] Von einer einheitlich auf SPD/FDP zusteuernden liberalen Partei konnte keine Rede sein.[405]

Der Schluss der sozial-liberalen Koalition war trotzdem die einzige Möglichkeit, die betriebenen Reformansätze umzusetzen. Mit der Union erschien dies kaum möglich, da sie von einem programmatischen „Umfaller" der FDP ausging. Das Verhältnis war durch die Ereignisse in der bürgerlichen Koalition vergiftet, weshalb Unionspolitiker die Wahlrechtsfrage forcierten. Ihre Initiative richtete sich trotz gegenteiliger Bekundungen in erster Linie gegen die Liberalen und nicht gegen die NPD. Bereits Jahre vor dem Aufstieg der Nationaldemokraten verfocht die Union die Veränderung des Wahlrechts. So konnte sie einen Zusammenhang zwischen deren Erfolgen und den Reformbestrebungen nicht glaubwürdig vertreten.

Die SPD hatte die Wahlrechtsreform nicht mit solcher Intensität unterstützt, was aber nicht primär für die Umorientierung in der FDP-Spitze sorgte. Zwei Aspekte beherrschten deren Überlegung. Zunächst bestanden ungeachtet verschiedener Differenzen[406]

---

[403] Zit. nach: Arnulf Baring (Anm. 30), S. 167.
[404] Vgl. Matthias Siekmeier (Anm. 36), S. 421-450.
[405] Erich Mende schrieb, dass eine christlich-liberale Koalition 1969 dem Wählerwillen entsprochen hätte. Vgl. ders. (Anm. 88), S. 306/307.
[406] Besonders die Frage der Betrieblichen Mitbestimmung blieb auch nach dem Urnengang 1969 zwischen FDP und SPD umstritten. Dokumentiert werden die Diskussionen über den Inhalt der

größere programmatische Gemeinsamkeiten mit den Sozialdemokraten, und weiterhin dokumentierte eine Koalition mit der SPD einen Wandel. Dieses Bündnis dokumentierte allein durch sein Zustandekommen Veränderung. Erstmals in der Geschichte der Bundesrepublik formierte sich eine Mehrheit jenseits der CDU/CSU, erstmals verbanden sich SPD und FDP und lösten einen Kanzler der Unionsparteien ab. Sie vollzogen einen „Machtwechsel". Dieses Zeichen des Aufbruchs dokumentierte Modernisierung, ein Ausdruck, der in den sechziger Jahren – wie es Willy Brandt vermutete – geradezu mythische Bedeutung gewonnen hatte.[407] Die FDP sorgte für Veränderung und begann, ein neues Kapitel bundesrepublikanischer Geschichte mitzuschreiben.

Für die FDP kostete die Koalition und deren Politik einen hohen Preis. Der Fortsetzung des Kurses Scheels, einen alle Flügel einbindenden Mittelkurs zu steuern, schob die Koalitionsentscheidung einen Riegel vor. So blieb die FDP bis zur Bestätigung der sozial-liberalen Koalition 1972 existenziell gefährdet.

6. Die FDP – eine „Reformpartei"?

War die FDP zwischen 1966 und 1969 eine „Reformpartei"? Erfüllte sie die konstitutiven Voraussetzungen zukunftsfähiges Angebot auf realistischer Basis, stimmiges Gesamtkonzept, veränderungsfähiges Umfeld und programmatische Absetzung von der politischen Konkurrenz?

Nach dem Ende der bürgerlichen Koalition öffnete sich das Fenster zur Emanzipation von einer reinen Funktionspartei.. Die Liberalen konnten frei agieren, während sich Fraktionen und Gremien der Regierungsparteien in einem Korsett wiederfanden. Zugleich mussten originäre politische Inhalte angeboten werden, um die Überlebensfähigkeit der FDP zu sichern.

Der Parteivorsitzende Erich Mende versuchte, die FDP auf eine gemäßigte Gegenhaltung zur Großen Koalition zu führen. Ein Erfolg dieses Konzepts garantierte einerseits die Koalitionsfähigkeit, verhinderte aber andererseits eine sichtbare Abhebung von der Politik der Bundesregierung. Dem Kurs Mendes widersprach eine Gruppe meist

---

Regierungserklärung Willy Brandts vom 21. Oktober 1969 bei Arnulf Baring. Vgl. ders. (Anm. 30), S. 183-190.
[407] Willy Brandt (Anm. 228), S. 271/272.

junger Liberaler, die der Partei durch rigideren Wandel ein unverwechselbares Gesicht geben wollten. Der Wechsel an der Parteispitze – verbunden mit der Installation eines neuen Parteipräsidiums – versinnbildlichte die Veränderung. Nach dem zaudernden Mende erklärte sich die liberale Partei zur Vertreterin des Wandels, die mit den überkommenen Strukturen der Adenauer-Ära aufräumen wollte.

Erfüllte die FDP mit ihrer programmatischen Linie die Kriterien einer „Reformpartei"?

- Kriterium 1: Vertrat die Freie Demokratische Partei im Untersuchungszeitraum Programmangebote, die auf realistischer Basis zukunftsfähige Wege wiesen?

Ost- und Deutschlandpolitik: Mit dem Wechsel an der Parteispitze setzte sich ein neuer Politikansatz durch. An die Stelle der Suche nach einer nationalen Lösung – Klärung der deutschen Frage als Voraussetzung zur Überwindung der Teilung Europas – trat die entgegengesetzte Konzeption. Entspannung im gesamteuropäischen Rahmen sah die neue Führung als Bedingung für die Wiedervereinigung. Nicht der Verzicht auf die Einheit, sondern ein veränderter Weg kennzeichnete die neue Politik der FDP. Scheel schob diese Entwicklung mit an. Bereits in den fünfziger Jahren hatte er im Unterschied zu den damals dominierenden Nationalliberalen die Notwendigkeit engerer europäischen Zusammenarbeit erkannt. Als Parteivorsitzender vertrat er seine Konzeption mit Nachdruck.

Das Verhältnis zur DDR, nur von der FDP ohne ergänzende Konstruktionen beim Namen genannt, suchte sie durch einen Modus vivendi zu stabilisieren. Mit ihrer Abwendung von der Hallstein-Doktrin, den Initiativen zu staatlicher Anerkennung der DDR sowie die Befürwortung eines Grundlagenvertrags bewies die FDP Konsequenz. Ohne auf das verfassungsrechtliche Ziel der Wiedervereinigung zu verzichten zeigte sie Wege auf, die das Auseinanderdriften beider deutscher Staaten verhindern sollten. Von den Formeln der Adenauer-Ära und übertriebener Kommunistenfurcht emanzipierte sich die FDP. Hatte sie bereits während der bürgerlichen Koalition geringere Berührungsängste gezeigt, bewiesen die Freien Demokraten, dass sie nicht nur vertragliche Regelungen fordern, sondern auch Konzepte vorschlagen konnten.

In der Grenzfrage forderten die Liberalen nicht mehr die Rückgabe der ehemaligen deutschen Territorien östlich von Oder und Neiße. Die Irrationalität solcher Ansprüche verdeutlichte die „Concordienformel". Zustimmung zu Einheit und Grenzrevidierung erschien selbst bei einem völligen Zusammenbruch des Ostblocks kaum vorstellbar. Ein de facto-Verzicht auf die Gebiete war dagegen ein Schritt, die von der FDP geforderten diplomatischen Kontakte mit Polen und der Tschechoslowakei aufnehmen zu können. Zu dieser Regelung rang sich die FDP in der Opposition nicht durch. Die „Concordien-formel" blieb unbestimmt und bot Interpretationsraum, der half, die innerparteilichen Differenzen auszugleichen. Solange die Nationalliberalen um Mende und Ernst Achen-bach Einfluss in der Partei besaßen, verhinderten sie ein Abrücken von der Vertretung juristischer Ansprüche.

Die Parteiführung um Scheel suchte eine Kompromisslinie, um die Grenzfrage herauszuschieben. Die FDP vertrat eine Politik, bei der sie sich auf einen wachsenden Teil der Bevölkerung stützte. Ohne Bindung an eine Koalitionsräson verbreitete sie ihre Position in der Öffentlichkeit und wies den Weg zur „Neuen Ostpolitik" der Regierung Brandt/ Scheel. Dass die sozial-liberale Koalition über diese vorsichtigen Reformkonzepte hinausging, darf nicht vergessen werden. Insgesamt bot die FDP in der Ost- und Deutschlandpolitik aber Konzepte an, die über die Tagespolitik hinauswiesen. Die Zwänge, welche die „Neue Ostpolitik" prägen sollten, sahen die Liberalen voraus.

Bildungspolitik: In diesem traditionellen Schwerpunktthema der Liberalen vertraten die FDP-Schulexperten weitreichende Reformkonzepte. Die Ausarbeitung vollzog sich ohne größere innerparteiliche Differenzen, was aber nicht zuletzt durch die geringe Zahl der Fachmänner in der FDP gefördert wurde. So beschränkte sich die Debatte auf einen kleinen Kreis.

Drohende wirtschaftliche Zwänge wiesen auf einen erhöhten Bedarf an hochausgebil-deten Schulabgängern. Zeitgleich forderte die Sicherung der Legitimität des bundesdeut-schen Gesellschaftssystems eine Sensibilisierung gerade der jungen Generation. Die Grundlagen sahen viele Liberale in einer besseren Schulerziehung. Beiden Ziele erhoffte die FDP zunächst durch einen neuen Schultyp zu erreichen: die Gesamtschule. Späterer Entscheid über den jeweils bestgeeigneten Schultyp, bessere Förderung und Ausgleich unterschiedlicher Ausgangsbedingungen stellten die Mittel dar, die das Schulkonzept er-gänzten. Die Reformpläne, die Überwindung des starren mehrgliedrigen Bildungs-systems und die Verlängerung der Ausbildungszeit, stießen auf Widerstand. Lehrer und Unternehmer befürchteten aus unterschiedlichen Gründen die Auswirkungen der Pläne.

Da beide Gruppen zur wichtigsten Wählerklientel der Freien Demokraten zählten, litt die Konsequenz der FDP-Programmatik. Der schwammige Ausdruck „Offene Schule" ersetzte in der Wahlplattform 1969 die Gesamtschule. Fehlende Klarheit verhinderte die Herausstellung eines eindeutigen Reformprogramms. Die Wahlplattform beschränkte sich auf die Ansammlung von Plattitüden. Neben mangelnder inhaltlicher Deutlichkeit erschwerte das Fehlen von Nachweisen zur Wirksamkeit des Gesamtschulmodells, dass die FDP-Bildungspolitik als zukunftsfähig wahrgenommen werden konnte.

Betriebliche Mitbestimmung: Die FDP galt bis zum Ende der christlich-liberalen Koalition als Unternehmerpartei per excellence. Die Öffnung gegenüber Arbeitnehmern und die sozial-liberale Koalitionsperspektive erforderten eine Überprüfung der Leitlinie. Dabei erwiesen sich mögliche Reformen nicht als Mittel zur Verbesserung des Umfelds, sondern als Ergebnis drängender Zwänge. Allein LSD und DJD vertraten weitergehende Forderungen, setzten sich aber nicht durch. Die FDP marschierte mit ihrer Position nicht an der Spitze, sondern am Ende der Veränderungswilligen. Ein Reformbedarf der Betrieblichen Mitbestimmung wurde verneint. Ersatzlösungen suchte die Partei in der Förderung des Eigentumserwerbs und ab 1969 in einer separaten Einbeziehung der Leitungsebene. Für sie sah die FDP durch eine eigenständige überproportionale Beteiligung eine verbesserte Repräsentation vor. Die Mehrheit der Arbeitnehmer profitierte hiervon nicht. Die FDP vertrat eine besitzstandswahrende Politik, die ihren Fokus nicht auf Reformen ausrichtete, sondern über Umwege – die Förderung von Eigentumserwerb – den Status quo zementieren und die eigene Klientel stärken wollte.

- Kriterium 2: Erarbeitete die FDP ein stimmiges Reformkonzept, dass über Vorschläge in einzelnen Themenbereichen hinausging?

Es wäre vermessen, von einer kleinen Oppositionspartei zu erwarten, in allen Feldern der Politik detaillierte Konzepte anbieten zu können. Konsequent beschränkte sich die FDP im Untersuchungszeitraum auf thematische Schwerpunkte. Diese weisen Anzeichen eines weitgehenden Veränderungswillens auf. Das überkommene System der Adenauer-Ära galt es zu reformieren, um dessen Zukunftsfähigkeit zu sichern. Die Diskussion erreichte in den verschiedenen Feldern unterschiedliche Tiefe. U.a. lag dies daran, dass die FDP teilweise bereits vor 1966 Veränderungen forderte (Ost- und Deutschlandpolitik, Bildungspolitik), teilweise Reformbedarf traditionell negierte (Betriebliche Mitbestimmung).

In Schlüsselfeldern der bundesdeutschen Politik präsentierte die FDP 1966-69 programmatische Vorschläge. Die Reformer konnten sich zwar in einer Reihe politischer Fragen nicht umfassend durchsetzen, prägten aber das Meinungsklima zunehmend. Dies lag am Entstehen eines reformfreudigen Umfelds, das den Liberalen Rückenwind bot. Der Blick über die Grenzen förderte in der FDP eine Überprüfung des Status quo. In der Bildungspolitik und in der Frage des Verhältnisses zu den Staaten des Warschauer Pakts vertrat die FDP einen Standpunkt, der sich von isoliert nationalen Lösungsorientierungen entfernte. Selbst die Ablehnung breiterer Betrieblicher Mitbestimmung fußte auf einem internationalen Denkansatz, schließlich argumentierten die Liberalen, dass ein Verlust der Wettbewerbsfähigkeit der deutschen Unternehmen drohe. Gebremst wurden die Veränderungen, da das innerparteiliche Sozialgefüge in den wenigen Jahren zwischen 1966 und 1969 nicht umfassend zu verändern war, weshalb neue Vorschläge auf Widerstände „älterer" Parteimitglieder trafen.

In Einzelfragen gingen die Neugestaltungsanregungen weit. Zukunftsfähige Konzepte – bspw. in der Ost- und Deutschlandpolitik – förderten die Etablierung als Alternative. In anderen Feldern schreckte die FDP zurück und verzichtete auf die Vertretung umfangreicher Veränderungen. Verklausulierte Andeutungen konnten nicht darüber hinwegtäuschen, dass sich die Freien Demokraten nicht zu eindeutigen Festlegungen durchrangen. Zuletzt verwässerte die Ablehnung der paritätischen Mitbestimmung den erhofften Eindruck von Reformfreudigkeit.

- Kriterium 3: Stützte ein veränderungswilliges Umfeld die programmatischen Wandlungen der FDP?

Die geringe Dichte der gesellschaftlichen Vorfeldorganisationen der Liberalen erschwerte einerseits die Durchdringung der Gesellschaft mit den programmatischen Leitlinien der FDP, bot andererseits aber Chancen, ohne massive Widerstände einen eingeschlagenen Kurs zu verfolgen. Mangelnde Variabilität von DJD und LSD, von radikalen Ideen beeinflusst, minderte deren Einfluss.

Ost- und Deutschlandpolitik: Für aktuelle Fragen bestand große Sensibilität, die ein positives Umfeld für Reformdiskussionen bildete. Verzicht auf die ehemaligen Ostgebiete fiel großen Teilen der Bevölkerung nicht leicht, doch erinnerte u.a. die Denkschrift des Rats der Evangelischen Kirche in Deutschlands (EKD) 1965,[408] dass in Polen Einigkeit in der Frage der ehemals deutschen Gebiete herrschte. Auch das „Bensberger Memorandum" von 1968[409], das auf die Wunden des polnischen und deutschen Volks hinwies, deutete Veränderungen in der Gesellschaft an. Zunehmende Neigung, auf die Sorgen der östlichen Nachbarn einzugehen, öffneten das Tor zur Annäherung. Waren dieser Bereitschaft vieler Organisationen – an erster Stelle des Bunds der Vertriebenen[410] – enge Grenzen gesetzt, und stellten diese für Verhandlungen zahlreiche Bedingungen in den Weg, so erkannten alle Seiten, dass ein starres Festhalten an den bisherigen Linien westdeutscher Ostpolitik nicht möglich war.

Die Bundesrepublik nahm sich zunehmend nicht mehr als Provisorium wahr. Zugleich trug die noch junge Republik die Bürde, dass es ihr an Selbstgewissheit mangelte. Die Integrationskraft Adenauers und das ständige Wirtschaftswachstum hatten die Legitimität der bundesdeutschen Demokratie gefördert; beide Faktoren fielen in der Mitte der sechziger Jahre weg. Eine Beschränkung auf den abgrenzenden Antikommunismus – das einende Element der Gesellschaft – musste durch die Suche nach neuen integrierende Faktoren abgelöst werden.[411] Mit wachsender innerer Anerkennung gewann die Erkenntnis Raum, dass diese Republik in das Staatensystem Gesamteuropas eingepasst werden müsse. Die Rolle als Speerspitze des Westens wirkte anachronistisch. Scheels Motiv, über die Annäherung zwischen den getrennten Teilen Europas den Schlüssel zur Einheit zu suchen, gewann an Plausibilität. Die europäische Integration einer selbstbewussten Bundesrepublik trat an die Stelle einer national beschränkten Wiedervereinigungspolitik.

Bildungspolitik: Spätestens der aufrüttelnde Report Georg Pichts sorgte für öffentliches Aufsehen und setzte das Thema auf die politische Agenda. Mochten seine Zahlen diskussionswürdig sein, Reformbedarf stellte kaum ein Politiker in Abrede. Das FDP-Modell einer Gesamtschule blieb dagegen umstritten, da seine Wirksamkeit unbewiesen blieb. Der Reformansatz der FDP blieb nebulös, auf genaue Aussagen verzichtete sie.

---

[408] Vgl. EKD-Denkschrift zur Lage der Vertriebenen und zum Verhältnis des deutschen Volks zu seinen östlichen Nachbarn vom 16.10.1965, in: DDP, IV. Reihe, Bd. 11/2 (1965), S. 869-897.

[409] Vgl. Bensberger Memorandum vom 2.3.1968, in: DDP, V. Reihe, Bd. 2/1 (1968), S. 302-314.

[410] Der Vorsitzende des Bundes der Vertriebenen Herbert Czaja erklärte 1970, dass die Anerkennung der polnischen Westgrenze einer Neuauflage des Hitler-Stalin-Abkommens gleichkomme, da es „faktisch die Unterstellung Polens unter ein russisches Protektorat" bedeute. Vgl. „Organisiert Widerstand leisten", in: Der Spiegel 24 (1970), H. 19, S. 30.

[411] Vgl. Karl Dietrich Bracher: Wird Bonn doch Weimar?, in: Der Spiegel 21 (1967), H. 12, S. 60-68.

Die Darlegungen konnten aufgrund ihrer Allgemeinheit jeden Ansprechen. Gerade die Studentenbewegung bot sich als Verbündeter an. Fehlende Konstruktivität der Vorschläge ihrer Protagonisten verhinderten aber eine weitergehende Einflussnahme. Die Unterstützerbasis blieb heterogen. Stand für die einen die Sicherung des Wirtschaftsstandorts im Mittelpunkt, plädierten andere primär für die bessere Erziehung der Schüler. Die Koalition der Reformbefürworter hielt aber in den sechziger Jahren und sorgte für ein reformfreundliches Umfeld.

Betriebliche Mitbestimmung: Die Zunahme des allgemeinen Wohlstands in den zwanzig Jahren seit Kriegsende hatte die Legitimität der zweiten deutschen Demokratie gefestigt. Nun geriet diese in Gefahr. Der Aufstieg der NPD und eine drohende Wirtschaftsrezession erinnerten an die Spätphase der Weimarer Republik. Eine Kontrolle der Großindustrie – als Wegbereiter des NSDAP-Aufstiegs wahrgenommen – sollte einer ähnlichen Entwicklung einen Riegel vorschieben.

Die Ausgangslage stellte sich aber verändert dar: Die Bundesrepublik hatte sich von einem Untertanenstaat weit entfernt. Arbeitnehmer nahmen Anweisungen nicht widerspruchslos hin; wirtschaftliche Unmündigkeit neben politischer Gleichberechtigung wirkte anachronistisch. Die Gewerkschaft drängte auf bessere Beteiligungsmöglichkeiten. In der Öffentlichkeit herrschte eine vorsichtig reformwillige Grundstimmung. Die Gefahren für die Wirtschaft im internationalen Wettbewerb wurden wahrgenommen, die Erkenntnis der Notwendigkeit besserer Beteiligung der Arbeitnehmer an den einzelnen Entscheidungsprozessen griff jedoch um sich. Statt der geforderten Ausweitung suchte die FDP nach Mitteln, diesen Druck umzuleiten.

- Kriterium 4: Hob sich die FDP mit ihren Reformplänen von den politischen Konkurrenten ab?

Der erste Schritt auf dem Weg zu programmatischer Eigenständigkeit sollte eine ideologische „Unabhängigkeitserklärung" sein. Ein enger zeitlicher Rahmen, innerparteiliche Differenzen und die Zwänge der Realpolitik verhinderten dies im Untersuchungszeitraum. Eine geschlossene, auf alle Politikfelder zutreffende Liberalismusdefinition blieb aus. Die weitgehende Absorption des Begriffs in der westlichen Gesellschaft verhinderte, dass sich die FDP als einziger Vertreter der Idee darstellen konnte. Ansätze, u.a. von Ralf Dahrendorf geboten, erschienen im täglichen politischen Wettbewerb als zu kompliziert und erwiesen sich, trotz des innerparteilichen Jubels über den neuen Hoffnungsträger, als unpräzise.

Abhebung von der politischen Konkurrenz erschien über direkte programmatische Alternativen möglich. Die Kernfelder freidemokratischer Politik in einer von Koalitionsräson befreiten Offenheit zu vertreten, musste die Basis bilden, als Gegenvorschlag wahrgenommen zu werden.

Ost- und Deutschlandpolitik: Die SPD hatte während ihrer Oppositionszeit Gespräche mit Vertretern in der DDR gesucht. Neben den Passierscheinabkommen des sozialdemokratisch geführten West-Berliner Senats stach der geplante Redneraustausch mit der SED heraus. Doch die Große Koalition verband die „schnellen Pferde der SPD sowie die lahmen Gäule in der Unionsfraktion"[412] und hinderte die Sozialdemokraten an weitergehenden Reformschritten. Bereitschaft zu neuen Wegen zeigte die Regierung trotzdem. Die Andeutung Kiesingers, dass Deutschland für Jahrhunderte das Bindeglied zwischen Ost und West gewesen sei, erinnerte an die Brückenkonzeption Jakob Kaisers.[413] Ältere christdemokratische Ideen einer aktiven Ostpolitik traten hervor. Eine Lösung von früheren Grundgedanken war aber schmerzhaft. Im „Berliner Programm" schrieb die CDU 1968: „Ein dauerhafter Frieden für Europa ist ohne die Lösung der deutschen Frage nicht möglich."[414] Im Unterschied zu den Liberalen trennten sie europäische und deutsche Einheit nicht. Sie hielten die Forderung aufrecht, Deutschland zum Schlüssel der Entspannung zu machen. Eine Anerkennung des Regimes im „sowjetisch besetzten Teil"[415] lehnte die Union ab. Über geringe Modifizierungen der bisherigen Ostpolitik der CDU/CSU ging diese Konzeption nicht hinaus.

Für die SPD bildete die Große Koalition ein Korsett, das die Umsetzung der eigenen Ideen behinderte. Im Gegensatz zur Union erkannten die Sozialdemokraten: „Friedenspolitik im nationalen Interesse erfordert Entspannung in Europa".[416] Die Prioritäten

---

[412] Christian Hacke (Anm. 224), S. 133.
[413] Der Kanzler drückte den Gedanken aus, dass „Deutschland jahrhundertelang die Brücke zwischen West- und Osteuropa [war]". Er erklärte „Wir möchten diese Aufgabe auch in unserer Zeit gerne erfüllen." Vgl. Regierungserklärung Kiesingers am 13.12.1966 (Anm. 177), S. 57.
[414] Berliner Programm der CDU 1968, in: Ossip K. Flechtheim (Anm. 21), Bd. 9, S. 1.
[415] So bezeichnete die Union in diesem Programm die DDR. Vgl. ebd. S. 2.
[416] Sozialdemokratische Perspektiven im Übergang zu den siebziger Jahren, in: Ossip K. Flechtheim (Anm. 21), Bd. 9, S. 164. Ähnlich äußerte sich Helmut Schmidt auf dem Parteitag 1966, der mit den Worten „Ein deutscher Widerstand gegen weitere Entspannung [im europäischen Rahmen] würde uns isolieren." Vgl. AdG (Anm. 133), S. 4022.

setzte die SPD in umgekehrter Reihenfolge des Regierungspartners und somit ähnlich der FDP. Beide sahen die Lösung der deutschen Frage als Ergebnis gesamteuropäischer Annäherung. Der Verdienst der FDP bestand in der öffentlichen Propagierung dieser Linie, während sich die SPD als Koalitionspartner zurückhielt.[417] Das Verhalten der Koalition in der Alleinvertretungsfrage ließ dies offenbar werden. Das Trauerspiel des Einfrierens der diplomatischen Beziehungen zu Kambodscha 1969 offenbarte, dass sich die SPD nicht durchsetzen konnte.

Die FDP hob sich auf dem Feld der Ost- und Deutschlandpolitik programmatisch nicht von der politischen Konkurrenz ab. Selbst die vorsichtigen Reformer in der Union, Gerhard Schröders „Politik der Bewegung"[418] sei genannt, erkannten die Notwendigkeit einer Veränderung bisheriger ostpolitischer Ansätze. Gerade die Nähe zur Programmatik der Sozialdemokratie war aber augenfällig. Die Liberalen hoben sich von den Koalitionären in ihrer öffentlichen Darstellung ab. Ihre unverhüllten Gesetzesinitiativen und Reden gingen mit ihrer Klarheit über die Kompromisslinien der Regierungsparteien hinaus.

Bildungspolitik: Die SPD-Programmschrift von 1968 beschrieb Schwerpunkte und Denkansätze, die den Liberalen ähnelten. Während die Aussage „Bildung ist (...) eine gesellschaftliche Forderung für die Weiterentwicklung des Wohlstands und des Ansehens unseres Volkes" auf die wirtschaftlichen Aspekte abhob, zielte der Satz „Bildung ist auch und gerade für die Erhaltung der Demokratie wichtig"[419] auf eine Festigung der Legitimität der bundesdeutschen Grundordnung. Die Schüler über eine verbesserte Ausbildung auf ihr Leben vorzubereiten, entsprach den FDP-Leitlinien. Diese Allgemeinaussagen ergänzten die Sozialdemokraten mit konkreten Forderungen. Die Gesamtschule nannten sie beim Namen und appellierten an die Länder, ein zehntes Schuljahr einzuführen. Die Ähnlichkeit mit den Zielen der FDP mündete in die Verurteilung der Negativfolgen des übertriebenen Föderalismus, die durch eine bessere Koordinierung auf Bundesebene ausgeglichen werden sollte.[420] Fehlende Bundeskompetenzen ermöglichten

---

[417] Als Paradoxon ist festzuhalten, dass der FDP in der Öffentlichkeit kaum ostpolitische Kompetenz zugebilligt wurde. Sprachen zu Jahresbeginn 1969 noch 9 Prozent (SPD: 41 Prozent) den Liberalen das höchste Sachverständnis zu, waren es im September 1969 nur noch 5 Prozent (SPD: 43 Prozent). Vgl. zu den Zahlen: Hans D. Klingemann/Franz Urban Pappi (Anm. 387), S. 131.

[418] Vgl. dazu: Franz Eibl: Politik der Bewegung: Gerhard Schröder als Außenminister 1961-1966, München 2001.

[419] Sozialdemokratische Perspektiven im Übergang zu den siebziger Jahren (Anm. 416), S. 167/168.

[420] Vgl. ebd. S. 168/169.

der SPD, in der Bildungspolitik ihr Profil zu schärfen. Der Vorteil der Freien Demokraten, nicht in das Koalitionskorsett eingebunden zu sein, trat in der Bildungspolitik nicht hervor. Eine Abhebung der Liberalen von der SPD gelang nicht, da die Sozialdemokraten ähnliche Ziele vertraten, in ihrer Deutlichkeit die FDP sogar übertrumpften.

Auch die CDU erkannte die abträglichen Erscheinungen eines übertrieben gehandhabten Föderalismus. Ihre Programmschrift von 1968 forderte ein Bundesministerium für Bildung, das die bisherigen Kompetenzen des Wissenschaftsministeriums und die Koordination der Schulpolitik zu bündeln hatte.[421] Während Sozialdemokraten und abgeschwächt Liberale diese Forderung mit inhaltlichen Schwerpunkten unterfütterten, blieb in der Hauptregierungspartei vieles vage. Erst eine drei Jahre später verabschiedete Programmschrift sprach die Reform von Schultypen an: „Die Bildungseinrichtungen sind nach den verschiedenen Bildungszielen und Begabungsrichtungen zu differenzieren. Integrationen sind zu erproben, wo sie sich fachlich anbieten."[422] Vorsichtig näherte sich die nun oppositionelle CDU der Haltung der Konkurrenten an. Selbst der in der FDP in Ungnade gefallene Terminus „Bildungsplanung" fand schließlich Aufnahme in die Argumentation der Christdemokraten.[423] Nach dem Regierungsantritt der neuen Koalition begann in der CDU eine vorsichtige programmatische Annäherung an die Position von SPD und FDP.

Betriebliche Mitbestimmung: Die konservative Haltung der Liberalen veränderte die Frontstellung zwischen Reformern und Bewahrern von Beginn an. Die FDP geriet nicht in Gefahr, als Reformer „verkannt" zu werden. Verteidigte die FDP den Status quo, drängten die Konkurrenten zumindest partiell auf Wandel.

Bewiesen die Liberalen aber zumindest einen Ansatz, sich über Ersatzreformen als progressiv darzustellen? Traditionell betrieb die FDP die Verknüpfung der Termini „Liberalismus" und „Privateigentum".[424] Die Förderung individuellen Besitzes besaß Reiz für aufstiegswillige Arbeitnehmer, das Klientel, auf die auch beide Volksparteien schielten. Das bedeutete keinen Fortschritt, da die Liberalen diesen Programmpunkt

---

[421] Vgl. Berliner Programm der CDU 1968 (Anm. 414), S. 5.

[422] Das Berliner Programm der CDU 1971, in: Bruno Heck (Hrsg.): Die CDU und ihr Programm, St. Augustin 1979, S. 90.

[423] Vgl. ebd. S. 95.

[424] Wolfgang Bergsdorf: Herrschaft und Sprache. Studie zur politischen Terminologie der Bundesrepublik Deutschland, Pfullingen 1983, S. 164.

bereits in der Vergangenheit vertraten.[425] Ersatzreformen boten die Freien Demokraten kaum an, sie blieben in ihren bisherigen Bahnen, ergänzten sie lediglich durch die Forderung nach einer separaten Vertretung der abhängig beschäftigten Führungsebene.

Gegenüber der Union zog die FDP mit ihrer defensiven Haltung den Vorteil, dass der Wähler ihre Positionierung nachvollziehen konnte. Der Spagat in der CDU/CSU zwischen Wirtschaftsvertretern und Arbeitnehmerflügel erzwang einen Kompromiss, die Vertagung der Mitbestimmungsfrage. Programmatische Aussagen vermied das CDU-Programm.[426] Es verwies auf die von der Großen Koalition eingesetzte „Biedenkopf-Kommission", von deren Ergebnissen sie politische Zielstellungen abhängig machte.[427] Wer CDU wählte, entschied sich auf diesem Gebiet für die sprichwörtliche Katze im Sack. Lehnte er die von der SPD vertretene paritätische Mitbestimmung ab, blieb ihm als Alternative die FDP. Sie vertrat einen programmatische Gegenvorschlag dar. Dies galt aber nur aufgrund ihres programmatischen Konservativismus.

- Ergebnis: FDP – eine „Reformpartei"?

„Wir schneiden die alten Zöpfe ab!" Der Slogan der Freien Demokratischen Partei suggerierte eine Gruppierung, die sich zur Aufgabe gestellt hat, überkommene Strukturen zu verändern, die Bundesrepublik für die siebziger Jahre fit zu machen. Er gab vor, die FDP sei eine „Reformpartei". Nach der Betrachtung verschiedener programmatischer Felder ergibt sich ein ambivalentes Ergebnis. In den drei Politikgebieten erfüllte die FDP jeweils nur Teile der geforderten Kriterien.

Den weitgehendsten programmatische Wandel vollzogen die Liberalen in der Ost- und Deutschlandpolitik. Es entstand ein stimmiges Konzept, das sich in ein veränderungsfähiges Umfeld einpasste. Durch die inhaltliche Nähe der Sozialdemokratie genügte die FDP aber nicht dem Kriterium der sichtbaren Absetzung von den Konkurrenten. Allein die ausdrucksstärkere Vertretung begründet eine klare Unterscheidbarkeit nicht.

Ähnliche Ergebnisse sind für die Schulpolitik der FDP nachweisbar. Hier hatten sich die Liberalen einem geringeren inneren Wandel zu unterziehen, um ein Programm zu

---

[425] Vgl. Berliner Programm der FDP (Anm. 54), S. 79-82.
[426] Hier sah sich die Union der Suche nach innerparteilichen Formelkompromissen ausgesetzt.
[427] Vgl. Berliner Programm der CDU 1968 (Anm. 414), S. 5; Konsequent befürwortete die CDU 1971 das Ergebnis der Kommission. Vgl. Berliner Programm der CDU 1971, in: Bruno Heck (Anm. 422), S. 101/102.

präsentieren, das sich vom Status quo abhob. Den reformatorischen Eindruck minderte die mangelnde programmatische Konsequenz. Der Begriff „Offene Schule" konnte wie ein Schwamm alle Veränderungsforderungen schlucken. Weiterhin gewann das Thema in der Öffentlichkeit solchen Anklang, dass Reformpläne in allen Parteien diskutiert wurden und in der SPD sogar klarere Ausführungen hervorrief.

Die sichtbarste inhaltliche Abhebung von den beiden Volksparteien gelang in der Mitbestimmungsdiskussion. Dies erreichte die FDP jedoch nicht durch Reformbereitschaft, sondern durch ihr Festhalten an bisherigen Positionen, ohne innovative Ersatzmodelle zu vertreten. Mit ihren Inhalten vertrat die Partei ein stimmiges Konzept. Da aber Reform Veränderung fordert, kann nicht von einer „Reformpartei" gesprochen werden.

Es ist zu konstatieren, dass die FDP zwischen 1966 und 1969 den Anspruch an eine „Reformpartei" nicht erfüllte. Der innerparteiliche Konflikt sowie das Damoklesschwert existenzbedrohender Wählerabwanderung verhinderten eine klarere Positionierung. Sichtbare inhaltliche Abhebung von den politischen Konkurrenten gelang durch die Reformbereitschaft der SPD nicht.

Durch die Einbindung in die Koalitionsräson wuchs die Diskrepanz in der SPD zwischen Anspruch und realpolitischer Wirklichkeit. Da die FDP trotz innerer Gegensätzlichkeiten in der Öffentlichkeit offensiver auftrat – erinnert sei an die Gesetzesinitiativen zu einem Grundlagenvertrag mit der DDR – erhoffte sie der Eindruck zu erzeugen, sie sei die Partei der Veränderung. Mit der Propagierung weitgehenden Wandels förderte sie die Auseinandersetzung mit den drängendsten Fragen der Zeit und wirkte als „Reformpartei". Beschränkt sich der Blick aber auf die tatsächliche inhaltliche Konsistenz dieses Anspruchs, zeigen sich Lücken in der Umsetzung des ehrgeizigen Projekts. Zweifelsfrei fanden Wandlungsprozesse statt, die aber zum Zeitpunkt des Eintritts in die sozialliberale Koalition nicht abgeschlossen waren.[428]

Die Liberalen nahmen wenige Wochen vor der Wahl die Slogans „Wir schneiden die alten Zöpfe ab!" und „Opas FDP ist tot!" aus ihrem Repertoire. Die bisherigen FDP-Wähler sollten nicht verschreckt werden.[429] Richtete sich bis dahin das Hauptaugenmerk auf reformwillige Jungwähler, sorgten schlechte Umfragedaten für eine vorsichtigere

---

[428] Die „Freiburger Thesen" 1971 beschlossen den Veränderungsprozess der FDP. Es begründete den parteipolitischen Liberalismus als Vertreter eines sozial gesicherten Individualismus. Vgl. Karl-Hermann Flach/Werner Maihofer/Walter Scheel (Anm. 62).

Herangehensweise. Die kurz vor der Wahl im ZDF angedeutete Koalitionsaussage zugunsten der SPD gab der Propagierung der FDP als „Reformpartei" den endgültigen Todesstoß. Sie veranschaulichte ihre Nähe gegenüber der SPD. Von einem unabhängigen Reformkurs verabschiedete sich die FDP spätestens zu diesem Zeitpunkt. Die Entwicklung, die sich in der Wahlplattform angedeutet hatte – durch Verzicht auf eindeutige Aussagen Bewegungsfreiheit und Koalitionsfähigkeit zu gewinnen – wurde durch eine Festlegung auf einen Partner verstärkt.

Verschiedene Beweggründe führten zu einer veränderten Wahrnehmung der FDP, wobei der Wechsel an der Parteispitze als herausragender Aspekt zu sehen ist. Auf den Platz des konservativen Erich Mende setzte sich der inhaltlich schwerer fassbare Walter Scheel, der die Projektionsfläche für verschiedene Reformwünsche und eine neue Politikergeneration bildete. Dieser Vorteil wandelte sich jedoch durch mangelnde programmatische Führung des neuen Vorsitzenden in einen Nachteil. Eine eindeutige Festschreibung eines Kurses verschob er und legte seinen Schwerpunkt auf die Stabilisierung der fragilen innerparteilichen Situation.

Das ungeklärte innerparteiliche Verhältnis zwischen den Flügeln in der Partei bildete den entscheidenden Faktor des Ausbleibens einer umfassenden programmatischen Reformpolitik. Der innerparteiliche Wandel war 1969 nicht abgeschlossen; die Mitgliederstruktur, aber auch die Zusammensetzung der Bundestagsfraktion entsprach weitgehend den Zuständen während der bürgerlichen Koalition.[430] Die Diskussion über ein Grundsatzprogramm wurde durch dauernde Konflikte erschwert. Wiederholt fiel das „Totschlagsargument", die Initiative sei „sozialistisch". Von der Dominanz einer auf entschlossene Reformen drängenden Gruppe in der FDP kann zwischen 1966 und 1969 nicht gesprochen werden.

7. Schlussbetrachtung

Wenige Tage nach der verlorenen Bundestagswahl 1969 schrieb der abgewählte FDP-Abgeordnete Kurt Spitzmüller resümierend an seinen Parteifreund Alexander von Stahl:

---

[429] Vgl. Rüdiger Zülch (Anm. 111), S. 77/78.
[430] Der Großteil der FDP-Bundestagsabgeordneten besaß sein Mandat seit 1961. Vgl. Thomas Saalfeld (Anm. 129), S. 205.

„Der Spruch vom Machtwechsel kam für die ‚fortschrittlichen' Wähler zu spät, sie hatten sich schon vorher für den Machtwechsel und damit die SPD entschieden. Der Spruch kam aber wieder zu früh für jene alten treuen Wähler."[431] Seiner Partei, insbesondere ihrer Führung, warf Spitzmüller vor, sie habe sich nicht entschlossen gezeigt, habe zwischen allen Stühlen gesessen. Neben den Vorhaltungen an die Wahlkampftaktik fällt auf, dass er der SPD zusprach, sie habe für den Machtwechsel gestanden, während dies für die FDP aus ihrem Verhalten nicht herauslesbar gewesen sei. Mit der Einschränkung einer persönlichen Enttäuschung über den Verlust des Abgeordnetenmandats, verwies Spitzmüllers Bemerkung auf den wunden Punkt, dass der FDP die Darstellung als „Reformpartei", als Alternative zur Großen Koalition, nicht gelang.

Dieses Urteil bestätigt den Eindruck, dass die programmatische Veränderung der FDP in ihren Anfängen stecken blieb. In einzelnen Feldern – insbesondere, wo die Freien Demokraten bereits in der bürgerlichen Koalition Wandel vertraten – entwickelte sie ein Reformprogramm, in anderen blieb sie den bisherigen Politiklinien verhaftet. Ohne innere Veränderung misslang die Darstellung als reformierte Partei nach außen.

Dem Befund entgegenstehend propagierte die FDP-Führung, ihre Partei sei als neue und selbstständige Alternative ein attraktives Angebot für die enttäuschten Anhänger der Großen Koalition. Plakativ zeigte dies die personelle Veränderung der Parteispitze. Wer aber daraus schließt, dass Walter Scheel an die Spitze einer – vorhandenen – innerparteilichen Reformbewegung getreten sei, sitzt einer Fehleinschätzung auf. Scheel verzichtete auf eine inhaltliche Festlegung und versuchte die FDP mit einem Mittelkurs durch die Untiefen der Oppositionszeit zu steuern. Von Ausnahmen abgesehen – vor allem seine Europaorientierung – moderierte er nur den Konflikt zwischen den Flügeln in der Partei. Der Gegensatz zwischen Nationalliberalen und Rechtsstaatsliberalen wurde durch das Aufkommen einer neuen Gruppe, der ersten Nachkriegsgeneration, verschärft. Der mehrschichtige Antagonismus verhinderte eine Richtungsentscheidung. Einigkeit in Sachfragen, wie die homogene Bildungspolitik und die kaum umstrittene Ablehnung der Betrieblichen Mitbestimmung, fußten auf der Janusköpfigkeit der Partei. Verschiedene Schwerpunktsetzungen verhinderten hier Konflikte. Andernfalls sorgte die Suche nach

---

[431] Zit. nach: Georg A. Kötteritzsch (Anm. 32), S. 587. Wolfgang Schollwer stützt diese These, da er bemängelt, die Koalitionsaussage zugunsten der SPD sei zu spät erfolgt, die Reformwähler hätten sich zu diesem Zeitpunkt bereits der SPD zugewandt. Vgl. ders. (Anm. 85), S. 175.

Kompromissen zwischen den Grundorientierungen für eine Beschränkung auf Detailfragen. Das sorgsam austarierte Gleichgewicht musste erhalten bleiben.

In diesem Umfeld erscheint die Forderung nach einem geschlossenen Reformkonzept irreal. Solange keine Seite eine beherrschende Stellung gewann, blieb der Konflikt unentschieden. Dabei darf nicht unterschlagen werden, dass auch der Großteil der Reformer in der FDP gegenüber weitgehenden Entwürfen skeptisch blieb. Der Poppersche Skeptizismus war einer der Hauptantriebsfedern liberaler Politik. Umwälzungen, die das Gesicht der Bundesrepublik grundlegend korrigiert hätten, standen nicht auf der Agenda. An diesem Punkt ist die Ursache für die Gegensätzlichkeiten zwischen FDP und DJD zu suchen. Deren umfassende Reformwünsche gingen oft auch „progressiven" Freidemokraten zu weit. Für die Liberalen ging es um vorsichtige Veränderungen, die die Legitimität des bundesdeutschen Systems stärken sollten.

Die weitgehende Durchdringung westlicher Gesellschaften mit den Ideen des Liberalismus erschwerte, dass die FDP einen unverwechselbaren ideologischen Standort bezog. Es war ein Begriff, der den Unterschied zu den Diktaturen des Ostblocks und der NS-Zeit ausdrücken sollte. Alle Parteien beanspruchten die Entwürfe der Freiheit und des Individualismus nuanciert für sich. Vor dem Hintergrund, dass sich die überkommenen Zustände mit dem liberalen Anspruch nicht deckten, öffnete sich ein Aktionsfeld für den parteipolitischen Liberalismus. Eine eindeutige und abhebende Beschreibung des Begriffs blieb aber aus. Zeitdruck, die komplizierte Ausgangslage und fehlende innere Einigkeit in der FDP verhinderten eine Liberalismusdefinition, die als Fundament einer reformierten FDP hätte dienen können, die ihr einen eigenständigen ideologischen Standort im bundesdeutschen Parteiensystem verliehen hätte.

Die auffälligen Veränderungen in der FDP-Linie der Ost- und Deutschlandpolitik und ihre Abhebung gegenüber der Großen Koalition waren auf zwei Faktoren zurückzuführen, die sich bedingten. Einerseits drängte eine neue Generation auf Wandlungen des Kurses der – nur partiell überwundenen – Ostpolitik Adenauers, andererseits zwang die veränderte Weltlage, bisherige Positionen zu überdenken. Internationale Entwicklungen, die trotz Rückschlägen auf eine Détente zusteuerten, forderten von der Bundesrepublik, sich nicht auszugrenzen. Die FDP negierte die vorrangige Vertretung nicht umsetzbarer rechtlicher Ansprüche und stellte die deutsche Frage in den europäischen Kontext. Die nationale Wiedervereinigung verband sie zu einem Bestandteil der internationalen Entspannung. Das Erkennen eines Sachverhalts und das Ziehen von Konsequenzen erwiesen sich als verschiedene Dinge. Der Widerstand des nationalliberalen Flügels verhinderte eine eindeutigere Ausrichtung. Reformbereitschaft verband die FDP mit Rückzugspositionen. Mit ihrer Politik des inneren Kompromisses unterschied sich die FDP kaum von der SPD. Diese machte ihre Konzessionen gegenüber dem Koalitionspartner CDU/CSU.

Die Verteidigung des Status quo in der Mitbestimmungsdiskussion und die Unbestimmtheit der Forderungen in der Bildungspolitik verminderten den Wert des Versprechens, die „alten Zöpfe abzuschneiden". In der Wirtschaftsfrage blieb die FDP in der konservativsten Position aller Bundestagsparteien behaftet, in der Bildungspolitik verhinderte die Angst vor der Reaktion wichtiger Wählerschichten und mangelnder Einfluss der Bundespolitik eine überzeugende Vorstellung programmatischer Alternativen. Innerparteilich kaum umstritten gelangen keine inhaltlichen Schwerpunktsetzungen, die der FDP neue Wähler hätten zutragen können. Entweder blieb sie den bisherigen Leitlinien behaftet, oder ihre Reformforderungen verschleierte sie in solchem Maß, dass ihre Inhalte kaum erkennbar blieben.

Erfüllte die FDP die Bedingungen einer „Reformpartei"? Zusammenfassend muss festgehalten werden, dass die FDP im Untersuchungszeitraum keine „Reformpartei" darstellte. Unbestritten erfüllte sie verschiedene der geforderten Faktoren, eine weitreichende Reformpolitik ist aber nicht nachweisbar.

In einzelnen Feldern, wie der Ost- und Deutschlandpolitik, propagierte sie einen Wandel gegenüber der Politik der Großen Koalition und deren Vorgängern. Dabei unterschied sie sich aber kaum von der SPD, selbst wenn sie ihre Position offener vertrat. In der Bildungspolitik blieb ihre Haltung unklar. Ohne wirkliche Politikangebote verzichtete sie auf eine eindeutige Positionierung als „Reformpartei". Die programmatische Konsequenz, mit der die Liberalen die Ausweitung der Betrieblichen Mitbestimmung ablehnten, verhinderte eine Wahrnehmung als „Reformpartei" von Beginn an. Dafür ist festzuhalten, dass auf diesem Gebiet das Kriterium der Unterscheidbarkeit von den Koalitionären am Besten erfüllt wurde.

Neben programmatischer Konsequenz und Unterscheidbarkeit zählen veränderungswilliges Umfeld und reformerisches Gesamtkonzept zu den Elementen einer „Reformpartei". Die Bedingungen wurden weitgehend erfüllt. In der Bundesrepublik hatte sich eine Atmosphäre aufgebaut, die Reformbedarf erkannte. Die Wege der Vergangenheit stießen an Grenzen, weshalb Warnungen wie die Kritik Karl Jaspers Gehör fanden. Mit der APO bot sich eine Entwicklung an, die ein breites Unterstützungsumfeld am Horizont erscheinen ließ. Deren Destruktivität und der Skeptizismus der Freien Demokraten verhinderte jedoch eine umfassende Zusammenarbeit.

Ein reformerisches Gesamtkonzept gelang der FDP bedingt. Dabei sind zwei Ausnahmen zu machen: Erstens beschränkte sich die Partei auf Schwerpunktbereiche, zweitens verzichtete die FDP auf Veränderungen der Betrieblichen Mitbestimmung. In Innen- und Außenpolitik bot sie Ansätze einer neuen Politik. Ihre Ideen blieben oft in den Anfängen stecken, dokumentierten aber die Unzufriedenheit der Liberalen mit dem Status quo. Die Liberalen boten einen Fingerzeig für die Zukunft.[432]

Eine unwiderrufliche Richtungsentscheidung der Freien Demokraten ist für den Untersuchungszeitraum nicht nachweisbar. Formelkompromisse, personelle Proporzlösungen,[433] schränkte die Möglichkeit ein, ein konsequenteres Reformprogramm durchzusetzen. Die verschiedenen Seiten schlossen im Vorfeld der Bundestagswahlen 1969 einen fragilen Burgfrieden, der aber nach dem Urnengang auseinander zu brechen drohte.[434] Dieses innerparteiliche Bündnis und der Versuch, sich als eigenständige politische Partei darzustellen, führte zum Äquidistantverhalten im Wahlkampf, der zugunsten einer Anlehnung an die SPD wenige Tage vor dem Urnengang aufgegeben wurde.

Die FDP verzichtete auf einen konsequenten programmatischen Reformkurs. Aufgrund des inneren Konflikts und der Reformfreude der SPD erfüllten die Liberalen die Bedingungen für eine „Reformpartei" nicht.

---

[432] So stärkte eine Bund-Länder-Kommission 1973 die Bildungsplanung und 1975 die Gesamtschule. Beide schulpolitische Elemente hatte die FDP in ihrer Oppositionszeit vorsichtig befürwortet. Vgl. Christoph Führ: Deutsches Bildungswesen seit 1945: Grundzüge und Probleme, Neuwied/Kriftel/Berlin 1997, S. 67/68.

[433] Walter Scheel zeigte sich mit der „linken" Mehrheit im Parteipräsidium 1968 nicht zufrieden. Die Parteitagsregie sorgte deshalb für einen Ausgleich in den folgenden Wahlen für den Erweiterten Parteivorstand. Vgl. Georg A. Kötteritzsch (Anm. 31), S. 434.

[434] Die Unzufriedenheit ehemaliger FDP-Spitzenfunktionäre mit dem Kurs Scheels verdeutlichen deren Fraktionsaustritte zwischen 1970 und 1972, die der SPD/FDP-Koalition die Mehrheit nahmen.

8. Abkürzungsverzeichnis

AdG	Archiv der Gegenwart
Anm.	Anmerkung
APO	Außerparlamentarische Opposition
APuZ	Aus Politik und Zeitgeschichte
Art.	Artikel
Aufl.	Auflage
BRD	Bundesrepublik Deutschland
Bspw.	Beispielsweise
Bzw.	Beziehungsweise
CDU	Christlich-Demokratische Union
CSSR	Tschechoslowakische Sozialistische Republik
CSU	Christlich-Soziale Union
DA	Deutschland-Archiv
DDP	Dokumente zur Deutschlandpolitik
DDR	Deutsche Demokratische Republik
ders.	derselbst
dies.	dieselbst
DGB	Deutscher Gewerkschaftsbund
DJD	Deutsche Jungdemokraten
EKD	Evangelische Kirche in Deutschland
FDP	Freie Demokratische Partei
FN.	Fußnote
Hrsg.	Herausgeber
LDPD	Liberal-Demokratische Partei Deutschlands
LSD	Liberaler Studentenbund Deutschlands
LTW	Landtagswahl
LV	Landesverband
MfS	Ministerium für Staatssicherheit
NATO	North Atlantic Treaty Organisation
NDPD	National-Demokratische Partei Deutschlands

NDR	Norddeutscher Rundfunk
NPD	Nationaldemokratische Partei Deutschlands
NS	Nationalsozialismus
NSDAP	Nationalsozialistische Deutsche Arbeiterpartei
o.J.	ohne Jahr
o.O.	ohne Ort
PVS	Politische Vierteljahresschrift
SBZ	Sowjetische Besatzungszone
SED	Sozialistische Einheitspartei Deutschlands
SPD	Sozialdemokratische Partei Deutschlands
u.a.	unter anderem
USA	United States of America
VjhfZg	Vierteljahreshefte für Zeitgeschichte
Vol.	Volume
ZDF	Zweites Deutsches Fernsehen
Zit.	Zitat

9. Quellen- und Literaturverzeichnis

9.1. Quellenverzeichnis

➢ Archiv der Gegenwart: Deutschland 1949 bis 1999, 10 Bände, St. Augustin 2000.

➢ Bundesministerium für Innerdeutsche Beziehungen (Hrsg.): Dokumente zur Deutschlandpolitik, IV. Reihe (1958-1966), V. Reihe (1966-1968), Bonn 1971-1987.

➢ Der Spiegel 20-23 (1966-1969).

➢ FDP-Landesverband Berlin: Entschließung des Landesparteitags der Berliner FDP, in: liberal 10 (1968), S. 618-622.

➢ Flach, Karl-Herrmann/Werner Maihofer/Walter Scheel: Die Freiburger Thesen der Liberalen, Reinbek 1972.

➢ Flechtheim, Ossip K. u.a. (Hrsg.): Dokumente zur parteipolitischen Entwicklung in Deutschland seit 1945, 9 Bände, Berlin 1962-1971.

➢ Heck, Bruno (Hrsg.): Die CDU und ihr Programm, St. Augustin 1979.

➢ Jacobsen, Hans-Adolf (Hrsg.): Mißtrauische Nachbarn. Deutsche Ostpolitik 1919/1970: Dokumentation und Analyse, Köln 1970.

➢ LSD-Bundesvorstand: Aktionsprogramm zur Wirtschafts- und Sozialpolitik, in: liberal 8 (1966), S. 50-59.

➢ März, Peter (Bearb.): Dokumente zu Deutschland 1944-1994, 2. Aufl., München 2000.

➢ Meissner, Boris (Hrsg.): Die deutsche Ostpolitik 1961-1970. Kontinuität und Wandel, Köln 1970.

➢ Noelle, Elisabeth/Erich Peter Neumann (Hrsg.): Jahrbuch der öffentlichen Meinung 1968-1973, Allensbach/Bonn 1974.

➢ Parteivorstand der SPD (Hrsg.): Programme der deutschen Sozialdemokratie, Bonn 1995.

➢ v. Siegler, Heinrich (Hrsg.): Dokumentation zur Deutschlandfrage, 5 Bände, Bonn/ Wien/Zürich 1961-1970.

9.2. Literaturverzeichnis

➢ Albertin, Lothar (Hrsg.): Politischer Liberalismus in der Bundesrepublik, Göttingen 1980.

➢ v. Alemann, Ulrich: Das Parteiensystem der Bundesrepublik Deutschland, Bonn 2000.

➢ Allemann, Fritz Réne: Bonn ist nicht Berlin, Köln/Berlin 1956.

➢ Apel, Günter: Demokratische Betriebs- und Unternehmensverfassung, in: liberal 11 (1969), S. 22-30.

➢ Bahr, Egon: Zu meiner Zeit, Berlin 1998.

➢ Baring, Arnulf: Es lebe die Republik, es lebe Deutschland! Stationen demokratischer Erneuerung 1949-1999, Stuttgart 1999.

➢ Ders.: Machtwechsel. Die Ära Brandt-Scheel, Stuttgart 1982.

➢ Bender, Peter: Die „Neue Ostpolitik" und ihre Folgen. Vom Mauerbau bis zur Vereinigung, 4. Aufl., München 1996.

➢ Bergsdorf, Wolfgang: Herrschaft und Sprache. Studie zur politischen Terminologie der Bundesrepublik Deutschland, Pfullingen 1983

➢ v. Beyme, Klaus: Parteien in westlichen Demokratien, 2. Aufl., München 1984.

➢ Bierling, Stephan: Die Außenpolitik der Bundesrepublik Deutschland: Normen, Akteure, Entscheidungen, München/Wien 1999.

➢ Bingen, Dieter: Die Polenpolitik der Bonner Republik von Adenauer bis Kohl 1949-1991, Baden-Baden 1998.

➢ Bohnsack, Klaus: Bildung von Regierungskoalitionen, dargestellt am Beispiel der Koalitionsentscheidung der F.D.P. von 1969, in: PVS 17 (1976), S. 400-425.

➢ Brandt, Willy: Begegnungen und Einsichten. Die Jahre 1960-1975, München/Zürich 1978.

➢ Ders.: Erinnerungen, Berlin 1999.

➢ Brauers, Christof: Liberale Deutschlandpolitik 1949-1969. Positionen der F.D.P. zwischen nationaler und europäischer Orientierung, Münster/Hamburg 1993.

➢ Brinkmann-Herz, Dorothea: Die Unternehmensmitbestimmung in der BRD. Der lange Weg einer Reformidee, Köln 1975.

➢ Budäus, Dietrich: Entscheidungsprozeß und Mitbestimmung, Wiesbaden 1975.

➤ Dahrendorf, Ralf: Bildung ist Bürgerrecht. Plädoyer für eine aktive Bildungspolitik, o.O. 1965.

➤ Ders.: Für eine Erneuerung der Demokratie in der Bundesrepublik, München 1968.

➤ Dehler, Thomas: Das Risiko der Freiheit, in: liberal 7 (1965), S. 560-572.

➤ Deneke, Volrad J. F.: Mitverantwortung und Mitbestimmung, in: liberal 10 (1968), S. 804-808.

➤ Dittberner, Jürgen: FDP – Partei der zweiten Wahl. Ein Beitrag zur Geschichte der liberalen Partei und ihrer Funktionen im Parteiensystem der Bundesrepublik, Opladen 1987.

➤ Eggers, Ernst: Die Marktwirtschaft im Sog der Sozialdemagogie, in: liberal 8 (1966), S. 337-344.

➤ Ders.: Mitbestimmung oder die Liebe zu Utopia, in: liberal 8 (1966), S. 120-125.

➤ Eibl, Franz: Politik der Bewegung: Gerhard Schröder als Außenminister 1961-1966, München 2001.

➤ Engelmann, Roger/Paul Erker: Annäherung und Abgrenzung. Aspekte deutsch-deutscher Beziehungen 1955-1969, München 1993.

➤ Fest, Joachim C.: Die schwierige Freiheit. Über die offene Flanke der offenen Gesellschaft, Berlin 1993.

➤ Flach, Karl-Hermann: Deutsche Anti-Politik, in: liberal 7 (1965), S. 67-70.

➤ Ders.: Mehr Freiheit für mehr Menschen. Beiträge zur liberalen Politik, Baden-Baden 1973.

➤ Ders.: Offene Diskussion, in: liberal 9 (1967), S. 176-179.

➤ Ders.: Offene Karten, in: liberal 7 (1965), S. 573-584.

➤ Frank-Planitz, Ulrich: Die Liberalen proben den Aufstand, in: liberal 8 (1966), S. 857-859.

➤ Friedrich-Naumann-Stiftung (Hrsg.): Kleines Lesebuch über den Liberalismus, 3. Aufl., St. Augustin 1997.

➤ Frölich, Jürgen: Geschichte und Entwicklung des Liberalismus in Deutschland, 3 Hefte, St. Augustin 1990.

➤ Führ, Christoph: Bildungsgeschichte und Bildungspolitik. Aufsätze und Vorträge, Köln/Weimer/Wien 1997.

➤ Ders.: Deutsches Bildungswesen seit 1945: Grundzüge und Probleme, Neuwied/

Kriftel/Berlin 1997

➢ Fuhr, Heinrich: FDP im Außenspiegel, in: liberal 10 (1968), S. 459-463.

➢ Gabriel, Oscar W./Everhard Holtermann (Hrsg.): Handbuch Politisches System der Bundesrepublik Deutschland, 2. Aufl., München/Wien 1999.

➢ Ders./Oskar Niedermeyer/Richard Stöss (Hrsg.): Parteiendemokratie in Deutschland, Bonn 1997.

➢ Garton Ash, Timothy: Im Namen Europas. Deutschland und der geteilte Kontinent, Frankfurt/M. 1995.

➢ Genscher, Hans-Dietrich: Erinnerungen, Berlin 1999.

➢ Ders.: Opposition: Funktion der parlamentarischen Demokratie, in: liberal 9 (1967), S. 813-815.

➢ Glatzeder, Sebastian J.: Die Deutschlandpolitik der FDP in der Ära Adenauer. Konzeptionen in Entstehung und Praxis, Baden-Baden 1980.

➢ Görtemaker, Manfred: Geschichte der Bundesrepublik Deutschland: von der Gründung bis zur Gegenwart, München 1999.

➢ Grosser, Alfred: Deutschlandbilanz, 7. Aufl., München 1980.

➢ Gutscher, Jörg Michael: Die Entwicklung der FDP von ihren Anfängen bis 1961, Meisenheim am Glan 1967.

➢ Hacke, Christian: Weltmacht wider willen? – Die Außenpolitik der Bundesrepublik Deutschland, Berlin 1997.

➢ Haferland, Hans: Redaktionelle Vorbemerkungen, in: liberal Sonderheft 4 (1964), S. 1-3.

➢ Hamm-Brücher, Hildegard: Gegen Unfreiheit in der demokratischen Gesellschaft, München 1968.

➢ Dies.: Offener Brief, in: liberal 7 (1965), S. 417-418.

➢ Dies.: Schule zwischen Establishment und APO, Hannover 1969.

➢ Haarscheidt, Michael: Das Splitting – ein wahltaktisches Medium der Liberalen?, in: APuZ (1973), H. 9, S. 27-45.

➢ v. Hayek, Friedrich A.: The Road of Serfdom, London 1944.

➢ Hearnden, Arthur: Bildungspolitik in der BRD und DDR, Düsseldorf 1973.

➢ Heitmann, Clemens: FDP und neue Ostpolitik: Zur Bedeutung der deutschlandpolitischen Vorstellungen der FDP von 1966 bis 1972, St. Augustin 1989.

➢ Hildebrandt, Klaus: Von Erhard zur Großen Koalition: 1963-1969, Stuttgart 1984.

➢ Hoffmann, Siegfried: Zur Zielsetzung der Eigentumspolitik, in: liberal 7 (1965), S. 412-416.

➢ Hönemann, Stefan/Markus Moors: Wer die Wahl hat...: Bundestagswahlkämpfe seit 1957. Muster der politischen Auseinandersetzung, Marburg 1994.

➢ Irving, Ronald E.M.: The German Liberals: Changing image of the Free Democratic Party, in: Parliamentary Affairs 23 (1969/1970), S. 46-54.

➢ Ismayr, Walter: 50 Jahre Parlamentarismus in der Bundesrepublik Deutschland, in: APuZ (1999), H. 20, S. 14-26.

➢ Jäckel, Hartmut: Wahlführer 1969. Politiker, Parteien, Programme, München 1969.

➢ Jaspers, Karl: Wohin treibt die Bundesrepublik?: Tatsachen, Gefahren, Chancen, Stuttgart/Hamburg 1967.

➢ Jesse, Eckhard: Die Demokratie der Bundesrepublik Deutschland. Eine Einführung in das politische System, 8. Aufl., Berlin 1997.

➢ Ders.: Wahlrecht zwischen Kontinuität und Reform: eine Analyse der Wahlsystemdiskussion und der Wahlrechtsänderungen in der Bundesrepublik Deutschland 1949-1983, Düsseldorf 1985.

➢ Josten, Ulrich: Für einen erneuerten Liberalismus. Die Zeitschrift Liberal und die FDP bis 1969, Hamburg 2001.

➢ Jouly, Ernest: Anforderungen der modernen Gesellschaft an das Bildungswesen, in: liberal 8 (1966), S. 923-938.

➢ Juling, Peter: Programmatische Entwicklung der FDP 1949 bis 1969. Einführung und Dokumente, Meisenheim am Glan 1977.

➢ Kaack, Heino: Geschichte und Struktur des deutschen Parteiensystems, Opladen 1971.

➢ Ders.: Zur Geschichte und Programmatik der Freien Demokratischen Partei: Grundriß und Materialien, Meisenheim am Glan 1976.

➢ Kaase, Max (Hrsg.): Wahlsoziologie heute. Analysen aus Anlaß der Bundestagswahl 1976, Sonderheft der PVS 18 (1977).

➢ Kammholz, Axel: Liberale Wirtschaftspolitik, in: liberal 8 (1966), S. 345-350.

➢ Kirchheimer, Otto: Der Wandel des westeuropäischen Parteiensystems, in: PVS 6 (1965), S. 20-41.

➤ Kissinger, Henry: Die Vernunft der Nationen. Über das Wesen der Außenpolitik, Berlin 1994.

➤ Ders.: Was wird aus der westlichen Allianz?, Wien/Düsseldorf 1965

➤ Kleßmann, Christoph: Zwei Staaten, eine Nation. Deutsche Geschichte 1955-1970, 2. Aufl., Berlin 1997.

➤ Klingemann, Hans-Dieter/Franz Urban Pappi: Die Wählerbewegungen bei der Bundestagswahl am 28. September 1969, in: PVS 11 (1970), S. 111-138.

➤ Knabe, Hubertus: Die unterwanderte Republik: Stasi im Westen, Berlin 1999.

➤ Knorr, Heribert: Der parlamentarische Entscheidungsprozeß während der Großen Koalition 1966 bis 1969. Struktur und Einfluß der Koalitionsfraktionen und ihr Verhältnis zur Regierung der Großen Koalition, Meisenheim am Glan 1975.

➤ Koerfer, Daniel: Die FDP in der Identitätskrise. Die Jahre 1966-1969 im Spiegel der Zeitschrift „liberal", Stuttgart 1981.

➤ Ders.: Kampf ums Kanzleramt. Erhard und Adenauer, Stuttgart 1987.

➤ Körper, Kurt J.: FDP Bilanz der Jahre 1960-1966. Braucht Deutschland eine liberale Partei?, Köln 1968.

➤ Kötteritzsch, Georg A.: Große Koalition und Opposition. Die Politik der FDP 1966 bis 1969, Egelsbach u.a. 1998.

➤ Kramer, Andreas: Die FDP und die äußere Sicherheit: zum Wandel der sicherheitspolitischen Konzeption der Partei von 1966 bis 1982, Bonn 1995.

➤ Kroegel, Dirk: Einen Anfang finden! Kurt Georg Kiesinger in der Außen- und Deutschlandpolitik der Großen Koalition, München 1997.

➤ Kupffer, Heinrich: Was heißt Demokratisierung der Schule?, in: liberal 10 (1968), S. 545-553.

➤ Link, Werner: Die Entstehung des Moskauer Vertrags im Lichte neuer Archivalien, in: VjhZg 49 (2001), S. 295-315.

➤ Lösche, Franz/Franz Walter: Die FDP. Richtungsstreit und Zukunftszweifel, Darmstadt 1996.

➤ Mende, Erich: Von Wende zu Wende, München/Berlin 1986.

➤ Menke-Glückert, Peter: Ideologieverdacht in Sachen Bildungspolitik, in: liberal 8 (1966), S. 131-137.

➤ Ders.: Memorandum zur Bildungspolitik, in: liberal 8 (1966), S. 685-691.

➤ Menzel, Claus: Die große Kapitulation, in: liberal 10 (1968), S. 182-191.

➤ Mintzel, Alf: Die Volkspartei: Typus und Wirklichkeit. Ein Lehrbuch, Opladen 1983.

➤ Mischnick, Wolfgang (Hrsg.): Verantwortung für die Freiheit: 40 Jahre FDP, Stuttgart 1989.

➤ Mommsen, Wolfgang: Möglichkeiten und Grenzen einer liberalen Außenpolitik, in: liberal 37 (1995), S. 30-40.

➤ Narr, Wolf-Dieter (Hrsg.): Auf dem Weg zum Einparteienstaat, Opladen 1977.

➤ Niclauß, Karlheinz: Bestätigung der Kanzlerdemokratie? Kanzler und Regierungen zwischen Verfassung und politischen Konventionen, in: APuZ (1999), H. 20, S. 27-38.

➤ Niedhart, Gottfried/Reiner Albert: Neue Ostpolitik und das Bild der Sowjetunion von 1968 bis 1975, in: APuZ (1994), H. 14, S. 27-35.

➤ Nohlen, Dieter (Hrsg.): Lexikon der Politik, 7 Bände, München 1995.

➤ Olzog, Günter/Hans-J. Liese: Die politischen Parteien in Deutschland: Geschichte, Programmatik, Organisation, Personen, Finanzierung, 24. Aufl., München/Landsberg am Lech 1996.

➤ Oppelland, Torsten (Hrsg.): Deutsche Politiker 1949-1969, 2 Bände, Darmstadt 1999.

➤ Picht, Georg: Die deutsche Bildungskatastrophe. Analyse und Dokumentation, Freiburg 1964.

➤ Popper, Karl R. (Hrsg.): Auf der Suche nach einer besseren Welt, 6. Aufl., München/ Zürich 1991.

➤ Prahl, Hans-Werner: Liberale für die Freiheit, in: liberal 9 (1967), S. 417-420.

➤ Puntsch, Eberhard: Der Links-Mitte-Rechts-Unfug: Die Welt ist nicht zweipolig, München/Landsberg 1994.

➤ Radzio, Heiner (Hrsg.): Hans Dichgans/Ludwig Rosenberg/Walter Scheel/Helmut Schmidt: Warum Mitbestimmung – und wie?, Eine Diskussion, Düsseldorf/Wien 1970.

➤ Rollig, Kirsten: Aus dem Wortschatz der F.D.P. Sprachliche Strategien der Wahl-werbung von 1969 bis 1994, Marburg 2000.

➤ Rowold, Manfred: Im Schatten der Macht. Zur Oppositionsrolle der nichtetablierten Parteien in der Bundesrepublik, Düsseldorf 1974.

➤ Rubin, Hans-Wolfgang: Die liberale Reformation, in: liberal 10 (1968), S. 81-83.

➢ Ders.: „Die Stunde der Wahrheit", in: liberal 9 (1967), S. 161-164.

➢ Ders.: Opposition: Herausfordernde Alternative, in: liberal 9 (1967), S. 810-812.

➢ Rudzio, Wolfgang: Das politische System der Bundesrepublik Deutschland, 5. Aufl., Opladen 2000.

➢ Rütten, Theo: Der deutsche Liberalismus 1945 bis 1955: Deutschland- und Gesellschaftspolitik der ost- und westdeutschen Liberalen in der Entstehungsphase der beiden deutschen Staaten, Baden-Baden 1984.

➢ Saalfeld, Thomas: Parteisoldaten und Rebellen. Eine Untersuchung zur Geschlossenheit der Fraktionen im Deutschen Bundestag (1949-1990), Opladen 1995.

➢ Schäfer, Gert/Carl Neddelbaum (Hrsg.): Der CDU-Staat. Studien zur Verfassungswirklichkeit der Bundesrepublik, München 1967.

➢ Schäfer, Hans: Kybernetik des Unternehmens und die Mitbestimmung, in: liberal 11 (1969), S. 429-440.

➢ Scheel, Walter: Deutschland und Europa, in: liberal 10 (1968), S. 329-338.

➢ Ders.: Opposition als Auftrag, in: liberal 9 (1967), S. 575-580.

➢ Ders.: Opposition: Kritik und Kontrolle, in: liberal 9 (1967), S. 806-809.

➢ Ders. (Hrsg.): Perspektiven deutscher Politik, Düsseldorf/Köln 1969.

➢ Ders./Otto Graf Lambsdorf (Hrsg.): Freiheit in Verantwortung – deutscher Liberalismus seit 1945, Gerlingen 1998.

➢ Scheurig, Bodo: Nachbar Polen, in: liberal 7 (1965), S. 592-602.

➢ Schmoekel, Reinhard/ Bruno Kaiser: Die vergessene Regierung: die große Koalition 1966 bis 1969 und ihre langfristigen Wirkungen, Bonn 1991.

➢ Schneider, Franz: Die grosse Koalition. Zum Erfolg verurteilt?, 2. Aufl., Mainz 1968.

➢ Schölder, Klaus: Die störende Partei, in: liberal 7 (1965), S. 545-548.

➢ Schöllgen, Gregor: Die Außenpolitik der Bundesrepublik Deutschland. Von den Anfängen bis zur Gegenwart, Bonn 1999.

➢ Schollwer, Wolfgang: FDP im Wandel: Aufzeichnungen von 1961-1966, München 1994.

➢ Ders.: Zwischen Pragmatismus und Utopie. Zur FDP-Deutschlandpolitik in den fünfziger und sechziger Jahren, in: DA 21 (1988), S. 275-281.

➢ Schorb, Alfons Otto: Der programmierte Unterricht und das deutsche Bildungssystem, in: liberal 7 (1965), S. 501-518.

➢ Schroers, Rolf: Bitterer Lorbeer, in: liberal 7 (1965), S. 625-627.

➢ Ders.: Die Stunde der Wahrheit, in: liberal 8 (1966), S. 801-803.

➢ Ders.: Neue Kriterien zur Ostpolitik, in: liberal 10 (1968), S. 574-579

➢ Ders. (Hrsg.): Der demokratische Obrigkeitsstaat, Bonn o.J.

➢ Schwarz, Hans-Peter: Die Ära Adenauer 1957-1963, Stuttgart 1983.

➢ Ders. (Hrsg.): Handbuch der deutschen Außenpolitik, München 1975.

➢ Schweigler, Gebhard: Nationalbewusstsein in der BRD und der DDR, Düsseldorf 1973.

➢ Schweitzer, Carl-Christoph: Theorie und Praxis einer gemeinsamen Außenpolitik, in: APuZ (1968), H. 3, S. 3-20.

➢ Siekmeier, Mathias: Restauration oder Reform?: Die FDP in den sechziger Jahren – Deutschland- und Ostpolitik zwischen Wiedervereinigung und Entspannung, Köln 1998.

➢ Stollreither, Konrad: Mitbestimmung. Ideologie oder Partnerschaft, München 1975.

➢ Stöss, Richard (Hrsg.): Parteienhandbuch: die Parteien der Bundesrepublik Deutschland 1945-1980, 4 Bände, Opladen 1986.

➢ Ullrich, Hartmut: Die Rolle von Bundestagsfraktion und Außerparlamentarischen Parteigremien in der politischen Willensbildung der FDP, in: PVS 8 (1967), S. 103-125.

➢ Verheugen, Günter (Hrsg.): Das Programm der Liberalen, Baden-Baden 1979.

➢ Weitzig, Joachim: Gesellschaftsorientierte Unternehmenspolitik und Unternehmensverfassung, Berlin/New York 1979.

➢ Winkler, Heinrich-August: Der lange Weg nach Westen, 2 Bände., München 2000.

➢ Witte, Barthold: Eigentumspolitik – gefährliche Illusion, in: liberal 7 (1965), S. 718-722.

➢ Ders.: Wider die behagliche Stgnation, in: liberal 10 (1968), S. 358-362.

➢ Wittkämper, Gerhard W.: Planungsideologien in der Politik, in: liberal 11 (1969), S. 52-61.

➢ Zülch, Rüdiger: Von der FDP zur F.D.P. Die dritte Kraft im deutschen Parteiensystem, Bonn 1972.

➢ Zundel, Rolf: Die Zweifel wachsen im Lager der Liberalen, in: liberal 8 (1966), S. 853-856.